KB022352

마음은 단단하게
인생은 유연하게

마음은 단단하게
인생은 유연하게

정신과 의사가 권하는 인생이 편해지는 유연함의 기술

정두영 지음

더퀘스트

편안함과 행복감만 느끼도록 설계되지 않은

안타까운 우리들을 위해

몸이 뻣뻣하면 건강에 안 좋듯
마음이 뻣뻣하면 인생살이가 힘들어진다

코로나19로 교내 수영장이 문을 닫은 학기였습니다. 학부생, 대학원생 가리지 않고 많은 학생이 상담센터를 찾아와서는 대뜸 "수영장이 문을 닫아서" 스트레스가 너무 심하다고 하소연했습니다. 정신건강의학과 전문의에게 수영장 이야기를 고민으로 가져온다는 것이 좀 엉뚱해 보일지도 모르겠습니다. 그런데 이 학생들에게는 정말로 수영장 운영 중단이 스트레스의 원인이었을까요?

학생들에게 어떻게 된 일인지 물었습니다.

"스트레스를 풀 곳이 없어졌어요."
"그렇다면 캠퍼스를 산책해보는 건 어때요?"

"새벽에는 사람이 별로 없어서 위험할 것 같아요."

"그렇다면 오후 공강 시간에 산책하는 것은 어때요?"

"그때는 사람이 너무 많아요."

 같은 이유로 찾아온 학생들과의 대화는 대부분 이런 식으로 이어졌습니다. 그렇습니다. 이 학생들은 '스트레스를 해결하는 다양한 방법'을 알지 못했습니다. 이 밖에 '대학원에서의 연구 활동'이라는 복잡하고 무거운 과제를 풀어갈 때 겪게 될 여러 고비들에 대해서도 대처방식이 훈련되어 있지 않았습니다.

극도의 불안과 우울에는 약물이나 인지치료가 도움이 될 수 있지만 삶에서 마주치는 다양한 문제에 관해서는 기초적인 훈련이 필요합니다. 한두 가지 방법으로만 대응하다가는 상황 변화에 유연하게 대처하지 못하고 똑같은 문제에 봉착할 테니까요.

어떤 변화가 다가와도
무탈한 사람들의 비밀

코로나19 이야기를 하지 않을 수 없습니다. 저는 울산과학기술원(유니스트)에서 바이오메디컬공학과 교수이자 정신건강의학과 전문의로 일하고 있습니다. 학기 중에는 학생들을 상대로 수업을 하고 연구실에서 대학원생들을 지도하는 것이 주요 업무이지만, 헬스케어센터 센터장으로서 상담사와 함께 학생들의 정신건강 상담을 해주고 있기도 합니다. 코로나19 바이러스가 퍼지면서 저와 센터 직원들의 업무는 배로 늘었습니다. 바이러스로 인한 불안감과 일상생활의 급격한 변화에 따른 스트레스로 센터를 찾는 학생들을 도와야 했고, 감염을 예방하고 바이러스 확산을 막기 위한 방역작업에도 힘을 보태야 했습니다. 참 눈코 뜰 새 없이 2년을 보냈습니다.

하지만 코로나19 이전에도 제 진료상담 일정을 표시하는 달력에는 비어 있는 날이 거의 없었습니다. 초기 성인기에는 해결해야 할 다양한 과제들이 짧은 기간 안에 찾아옵니다. 무슨 전공을 선택하고 어떤 직업을 가져야 할지, 어떤 친구들을 사귀고 연애는 어떻게 해야 하는지 산 넘어 산입니다. 일상의 크고 작은 변화가 끝없이 찾아오는데, 스스로 선택해야 할 것이 많아 머리가 터질 지경입니다. 이런 와중에도 수많은 과제와 시험을 겨우 해내고 있는데, 갑자기 누군가 가상화폐로 큰돈을 벌었다거나 유튜버로 유명해졌다는 이야기를 들으면 기운이 빠질 수밖에 없습니다. 기초연구를 하던 대학원생은 실험 결과가 잘 나와 기뻐하다가도, 우연히 친구가 창업에 성공했다거나 부모의 도움을 받아 건물을 마련해 큰 수익을 얻었다는 소식을 들으면 풀이 죽기도 합니다.

변화는 스트레스를 유발합니다. 목표한 대학에 합격하거나 취직에 성공하면 기쁘고 설레면서도 대학생활이나 직장생활을 잘 해내지 못할까 봐 불안감을 느끼는 것은 당연한 반응입니다. 하물며 취업에 실패하거나 연인과 헤어지는 등 좋지 않은 일이 생길 때는 스트레스가 얼마나 클까요. 그런데 걱정이 지나치게 많아져 잠을 못 이루거나 공부에 집중하기 어렵거나 친구들과의 모임을 피한다면 적응에 어려움을 겪고 있다는 신호입니다. 정신건강의학과 전문의들은 보통 이를 적응장애adjustment disorder라고 하는데, 이 증상이 오래 지속되고 각각의 진단 기준을 만족하면 주요우울증major depression 같은 우울장애depressive disorder, 공황장애panic disorder 등의 불안장애anxiety disorder로 이름을 붙입니다. 스트레스 요인에 대한 반응으로 문제를 겪기 시작했다가 원인이 해결되어도 문제가 지속되는 것입니다. 속이 상해서 술을 마셨다가 기분이 나아지니, 그 경험을 반복하고 싶어서 매일같이 술을 마시다가 술 없이는 못 자는 지경이 되면 알코올의존증 진단을 받는 것이 비슷한 예입니다.

저는 어른이 된 후 사람들이 정치나 경제 문제로 불안해하지 않았던 시기가 기억나지 않습니다. IMF와 코로나19 사태 사이에도 많은 사람이 치솟는 전셋값에 시달렸고, 정치인들의 부정부패 문제는 멈춘 적이 없었습니다. 대통령이 탄핵으로 물러나 정권이 바뀌고, 가상화폐의 인기로 뉴스에 관련 이야기가 연일 보도되며, 우리가 노란색 메신저로 일상적인 대화를 나누게 된 것도 모두 약 10년 동안의 일들입니다. 한 개인의 인생은 어떤가요? 신입생은 대학교에 오기까지 얼마나 많은 시험을 통해 자신을 증명했으며 얼마나 많은 친구와 새로 사귀고 이별했을까요? 그리고 대학교를 졸업하고도 결혼, 육아, 집 장만 등 얼마나 많은 변화와 마주해야 할까요? 인생은 변화의 연속이라고 해도 과언이 아닙니다.

그런데 어떤 사람은 이런 변화를 마주칠 때마다 적응장애를 겪을 만큼 힘들어하지만, 어떤 사람은 힘들어하면서도 무탈하게 지나갑니다. 그 차이는 '심리적 유연성'에 있습니다.

아픔은 가장 경직된 부분에서 비롯된다

심리적 유연성이란 경험을 있는 그대로 수용하며 자신의 가치에 부합하는 방식으로 행동을 지속하거나 변경하는 능력을 말합니다. 비합리적인 직장 상사가 고민일 때, 유연성이 낮은 사람은 그 상사를 싫어하고 또 그 부정적인 감정에 의해 이차적으로 일상이 망가집니다. 하지만 유연성이 높은 사람은 그 상사와 적정 거리를 유지하려 노력하고, 문제를 해결하기 위해 절충안을 제시합니다. 그래도 문제가 해결되지 않으면 이직을 하거나 다른 팀으로 자리를 옮겨 그 상사 곁을 떠납니다. 내성적이고 예민한 성격을 고치고 싶지만 잘 안 되는 것이 고민일 경우 유연성이 낮은 사람은 끊임없이 '나는 왜 성격이 이 모양일까?'라고 생각하며 자책하지만 유연성이 높은 사람은 무리하지 않는 선에서 단점들을 바꾸려고 노력하되 본인의 성격에 적합한 직업과 생활방식을 찾아나갑니다. 심리적 유연성이 무너지면 극단적인 선택을 할 수도 있습니다. 자살 말고는 문제를 해결할 방법이 없다고 생각하는 것입니다. 실제로 부모와의 갈등이나 성적 같은 일반적인 고민을 가지고 있는 사람 중에는 센터를 찾아오는 학생들도 있지만, 높은 곳에서 뛰어내리거나 약을 한 움큼 먹고 응급실에 실려가는 학생들도 있습니다.

세상에 완전한 사람은 없습니다. 죽을 때까지 자신을 완성할 수 있는 사람도 없습니다. 누구나 우울해할 수 있고, 불안해할 수 있으며, 끊임없이 자극을 추구할 수 있습니다. 하지만 유연성이 높은 사람은 그때마다 상황과 문제에 매몰되지 않고 자신에게 이로운 방식을 찾아나섭니다. 이들은 불안 문제가 고민이라면 '지금 불안하지 않고 싶다'라고 생각하는 데 그치지 않고 '나는 무슨 일을 할 때 즐겁지?'라고 생각을 확장합니다. 그동안 스트레스를 풀어왔던 수영장이 사라진다면 '나는 왜 수영장이 좋았을까?' '그렇다면 그 비슷한 역할을 해줄 수 있는 다른 일은 없을까?' 하고 생각합니다. 유연성이 높은 사람은 자신을 알고 타인과 사회 변화에 맞춰서 적응할 줄 압니다. 살면서 맞닥뜨리는 모든 문제를 영화의 히어로처럼 해결하고 살 수는 없다는 것을 알고 있는 것입니다. 결국 정신질환 진단명은 자신의 가장 유연하지 못한 부분이 무너져 나온 결과가 아닐까 싶습니다. 감정과 인지, 인간관계, 생체리듬 등에서 유연성이 부족했던 부분이 스트레스 사건 이후 자신도 모르게 표면 위로 드러나는 것이죠.

심리적 유연성을 키우기 위해 대단한 일을 해야 하는 것은 아닙니다. 어떻게 해야 부정적 감정에 압도되지 않을 수 있을지, 어떤 행동을 하면 기분이 나아지는지, 자신이 추구하는 가치는 무엇인지 등 나를 알아가기 위한 모든 행동이 유연성을 키우는 방법입니다. 또한 삶이라는 긴 여정에서 부딪히는 크고 작은 난관을 잘 풀어가기 위해서는 비효율적인 경험도 도움이 된다는 사실을 알아야 합니다. 난관이 너무 클 때 또는 자신을 알아가는 것이 힘들 때 다른 사람의 도움을 받을 수 있다는 것도 잊지 말아야 합니다.

유연함을 연습하는 것이
최선의 해결이다

사실 마음이 아프면 혼자서 자신의 문제를 알아차리고 해결하기가 어렵습니다. 발목을 접질려 아프고 부어오르면 지금 나에게 어떤 조치가 필요한지 스스로 판단해서 조치를 취할 수 있습니다. 하지만 일상생활을 하지 못할 정도로 오랜 기간 우울감이 지속되면 자신에게 필요한 행동을 찾지 못합니다. 판단을 내려야 할 뇌와 마음이 아프기 때문입니다. 프린터에 잉크가 부족하면 컴퓨터 화면에 토너를 교체하라고 뜨지만, CPU가 망가지면 무엇이 문제인지 알려주지 못하는 것과 마찬가지입니다.

그래서 어릴 적 외국 드라마에서나 보던 '심리상담'이 우리의 일상에 가까워지고 있는 지금이 반갑습니다. 실제로 진료 예약을 잡기 힘들 정도로 정신건강의학과를 찾는 사람이 늘어나고 있고 대학교에서는 학생상담센터의 역할이 커지고 있습니다. 이미 약물치료를 받는 학생이 상담센터를 찾는 경우도 흔하고, 정신건강의학과 진료를 받아보도록 권하면 예전과는 달리 긍정적으로 생각하는 학생도 많아졌죠.

하지만 기존의 방식으로는 사람들이 원하는 만큼 충분한 서비스를 제공하기가 힘듭니다. 그래서 저는 연구실에서 웹, 모바일, 가상현실 등의 최신 기술을 활용해 사람들이 정신건강의 도움을 쉽게 받을 수 있도록 공학적인 연구를 합니다. 2002년부터 2015년까지 미국 국립정신건강연구소를 이끌었던 토머스 인셀 Thomas Insel은 뇌과학과 약물 연구에서 일어난 큰 혁신이 일반인의 정신건강으로 연결되지 않은 점을 안타까워했습니다. 그러고는 비효율적인 정신건강 의료 시스템이 야기한 이런 문제를 앞으로 디지털 기술들이 개선해줄 것으로 기대했습니다. 기계적인 행정 소요를 줄이고, 환자의 맥락을 면밀하게 살피며, 환자에게 더 친절하고 자세하게 설명해줄 수 있는 디지털 기술을요. 안타깝게도 기술이 상용화되려면 많은 시간이 걸릴 것입니다. 이에 제가 진료 때 전달하려 애쓰는 내용들을 글로 정리하고 싶었습니다.

저 또한 의대에 들어가기 전에 과학고, 과학기술원의 학생으로 과학이 바꿀 미래를 꿈꾸면서도 불확실한 미래에 불안했습니다. 의료기 제조업과 IT서비스업에서 한 명의 직장인으로서 직장 스트레스를 겪어보기도 했습니다. 20대에는 IMF로 인한 진로문제로 고민이 컸다면 30대에는 가족문제로 많은 고민을 했습니다. 암환자 연구로 박사 과정을 마치는 학기에 누나가 말기암 진단을 받았고, 발달장애 연구를 하는 동안 아이가 자폐스펙트럼장애 autism spectrum disorder 진단을 받았습니다. 앞으로도 제 인생에 난관이 없는 시기는 없을 것입니다. 그리고 여러분도 마찬가지입니다.

이렇게 연속해서 다가올 변화에 완벽하게 대비하는 것은 불가능합니다. 그래서 아픔의 본질적인 원인을 인식하는 것과 함께 어떤 상황이 닥치더라도 유연하게 대응할 수 있도록 연습하는 것이 삶을 살아가는 최선의 방법입니다. 계속되는 변화에 지친 많은 사람이 이 책을 통해 무탈하게 지낼 수 있기를 바랍니다.

| 차례 |

머리말

몸이 뻣뻣하면 건강에 안 좋듯 마음이 뻣뻣하면 인생살이가 힘들어진다 6

3장 **마음은 유연함을 연습할수록 단단해진다**
다양한 관계의 모양 속에서 '의연한 나' 만들기

4장 **다양한 인생살이 속 세상물정의 심리학**
나를 지키는 최소한의 경계를 만들어야 세상이 바로 보인다

1장

유연함을 잃어버린 순간,
문제는 반복되기 시작한다

일상의 균형을 무너뜨리는 마음속 굳어진 틀 찾기

햇빛을 충분히 쬐지 못하면 자고 깨는 신체리듬이 방해를 받고 비타민D의 합성도 줄어듭니다. 낮에 햇빛을 충분히 쬐어야 수면을 촉진하는 멜라토닌이 잘 생성되어 깊은 꿀잠을 자는데, 그러지 못하면 침대에 한참을 누워 있어도 기운이 잘 회복되지 않습니다. 비타민D가 부족하니 도파민, 세로토닌 등의 신경전달물질이 적게 분비돼 즐거움과 안정감을 느끼기도 힘들어집니다.

몸과 마음은 따로따로가 아닙니다. 감기만 걸려도 자신감이 떨어지고, 기침하느라 잠을 설친 날에는 기분도 엉망이고 업무나 공부에 집중하기도 어렵습니다. 생리, 임신, 갱년기 등 신체 변화를 겪는 시기에도 마음 상태는 영향을 받습니다. 마음이 아프다면 대부분 여러 요소가 복합적으로 작용한 결과입니다. 나에게 영향을 끼치는 요소는 매우 다양합니다.

그래서 아프다면 그 맥락을 살펴야 합니다. 우울감이 일상생활에 영향을 끼칠 정도로 지속되고 있다면, 그 우울감의 원인은 특정 사건일 수도 있겠지만 자신이 취약한 특정 영역에서 악순환이 시작되어서일 수도 있습니다.

정신건강은 대개 다음 다섯 가지의 뇌 기능과 관련됩니다(미국 국립정신건강연구소는 정신질환 연구체계의 주요 영역들 Research Domain Criteria을 제시하는데 초기에 다섯 가지로 분류했다가 2019년에 감각운동을 추가해 여섯 가지로 분류하고 있다). 첫째, '부정적 감정의 처리'입니다. 뇌는 위협이 되는 공포, 불확실한 현실에서 오는 불안, 실패가 계속될 때의 좌절감과 상실감 등의 부정적 감정을 처리합니다. 둘째, '긍정적 감정의 관리'입니다. 뇌는 의욕을 이끌어내고, 보상받는 느낌을 통해 좋은 습관을 만들어내기도 합니다. 셋째, '인지기능'입니다. 뇌는 새로운 것을 배우며 집중력, 기억력, 언어 능력 등과 관련하여 끝없이 자극을 받습니다. 넷째, '사회적 기능'입니다. 뇌는 긍정적 상호작용이 가능한 사람들과의 관계를 통해 애착을 느끼고 의사소통을 하며 타인에 대해 이해하는 능력을 발전시킵니다. 다섯째, '신체기능'입니다. 뇌는 낮에 활발하게 활동하고 밤에 회복을 하며 생체리듬을 조절합니다. 언제 자고 깨며 무엇을 먹고 몸을 어떻게 움직이는지에 따라 하루의 피로도가 결정되지요.

정리하자면 감정과 인지를 관리하고, 인간관계를 꾸려나가고, 체력을 관리하는 것이 뇌의 주요한 역할입니다. 이 중 하나의 기능이 일시적으로 문제를 일으켜 다른 기능에 영향을 주고 악순환이 시작되면 문제는 복잡해집니다. 드러난 증상이 우울감이라고 하더라도 직장 업무와 학업 같은 일상생활을 잘 수행해나가는지, 인간관계에 문제는 없는지, 신체에 아픈 곳은 없는지 등에 따라 처방이 달라지는 이유입니다. 정신건강의학적으로 설명하자면 정신 기능은 정상과 비정상의 양극단으로 나뉘지 않고 연속선상에 있으며 같은 진단명인 사람들이 전혀 다른 양상을 보일 수 있고 반대로 한 사람에게 여러 진단명을 적용할 수 있는 것입니다.

여기서는 다양한 아픔의 맥락을 살펴보고자 합니다. 아픔의 원인은 예상한 것일 수도, 예상하지 못한 것일 수도 있습니다. 중요한 것은 그 맥락을 읽지 않는다면 비슷한 상황에 부딪힐 경우 문제가 다시 반복된다는 점입니다. 우울감의 강도와 지속 기간만 살피면 우울감에 가려져 있는 또 다른 아픔을 살피지 못해 오히려 문제를 키울 수 있습니다.

삶의 의미를 찾는 존재의
필수불가결한 아픔

코로나19로 뒤숭숭했던 2020년 11월 어느 목요일 점심시간에 저는 말기 암환자인 누나의 임종이 다가온다는 전화를 받고 검은 정장을 준비하고 있었습니다. 그런데 상담심리사가 다급한 목소리로 저를 찾았습니다. 자살 시도 중에 구조된 학생을 도와달라고 부탁하기 위해서였습니다. 이 학생은 자살 시도를 망설이고 있었던 것 같습니다. 많은 사람이 무심히 지나치던 중에 그의 불안한 모습을 주의 깊게 관찰하던 몇몇 학생이 위험한 순간을 막아냈습니다. 낯선 타인을 공들여 관찰하고 사고를 막아낸 학생들은 생명을 구한 의인입니다.

그 학생은 말도 잘 못할 정도로 몸이 얼어붙어 있었습니다. 혹시 죽는 것 말고는 다른 방법이 없다고 생각했는지 물으니 고개를 끄덕였습니다. 극심한 스트레스를 받은 사람들은 극단적인 판단을 내리기도 합니다. 저는 그 학생에게 작년에 옆 건물에서 일어난 일에 관해 들려줬습니다. 투신했지만 다행히 차 위로 떨어져 죽지 않았고, 잘 치료받아 몸과 마음을 회복한 사람의 이야기였죠. 실제로 많은 자살 시도자가 회복 후 "그때는 왜 그 방법밖에 없다고 생각했는지 모르겠다"라고 이야기합니다.

알고 보니 이 학생은 다음 월요일 아침에 진료 예약이 되어 있었습니다. 학생도 저도 바쁘다 보니 약속이 늦게 잡혀 만나기도 전에 사고가 날 뻔했던 것이죠. 학생의 지도교수는 최근까지 학교생활을 성실히 하고 성적도 좋은 학생이라 이런 어려움을 겪을 거라고 생각하지 못했답니다. 부모에게는 최근 힘들다는 이야기를 했나 봅니다. 멀리 사는 학생의 아버지에게 전화하자, 곧바로 병원으로 오겠다는 답변이 왔습니다. 자녀가 힘들다고 말한 것은 처음이라 혹시나 무슨 일이 생기지는 않을지 계속 긴장하고 있었던 것 같습니다.

안전을 위해 근처 대학병원 전문의들에게 입원을 부탁하고 보호자로 상담사 두 명, 행정직원 한 명과 함께 응급실로 보냈습니다. 그런데 응급실이 환자들로 붐벼서 몇 시간이 지나도록 진료가 이뤄지지 않는다고 연락이 왔습니다. 하는 수 없이 응급실 교수에게 직접 전화를 걸어 문제를 해결했습니다. 다른 대학 응급실 교수에 따르면 요즘 유명인의 자살 등 힘든 사회적 분위기로 인해 자살 시도로 다쳐서 오는 사람이 하루에도 여럿이라 다치지 않은 상태면 우선순위가 밀린다고 합니다.

삶의 의미를 찾는 일이
쉬운 사람은 없다

동물은 언제 삶을 포기할까요? 실험용 쥐를 물통에 가둬서 헤엄을 쳐도 밖으로 나오지 못하게 만들면 힘이 남아 있어도 생존을 포기합니다. 내가 어찌할 수 없고helpless, 희망이 없으면 hopeless 역경을 극복하려는 노력을 일찌감치 포기하는 것이죠. 만약 중간에 꺼내주면 희망이 있다고 여겨 다시 물에 빠져도 죽기 전까지 계속 헤엄을 칩니다. 무리를 짓는 동물은 음식이 부족하거나 늙고 병들어 무리에 도움이 되지 않으면 홀로 떨어져 떠돌다 죽기도 합니다. 다른 동물들과 달리 원숭이한테서는 새끼를 잃은 슬픔에 다른 스트레스가 더해지면 먹지 않고 삶을 포기하는 모습이 관찰된다고 합니다.

인간 역시 반복적인 고통이나 먹이의 부족, 강한 스트레스 사건을 겪으면 삶의 지속 여부를 고민합니다. 사실 동물은 유전자를 많이 퍼뜨리도록 진화해왔으니 먹이를 찾고 후손을 남기는 일은 '삶의 의미' 없이도 유지되는 기본값인 셈입니다. 하지만 인간은 그 외에도 삶의 의미를 고민한다는 점에서 다른 동물들과 차이를 보입니다. 무언가 가치 있는 일을 해야 한다고 느끼지요. 그래서 부대원들을 살리기 위해 수류탄을 몸으로 막아낸다든가 물에 빠진 아이를 구하는 등의 자기희생이 가능했을 것입니다. 반면에 어떤 방향으로 살아가야 할지 길을 잃은 채 정신적 스트레스에 시달리는 사람들도 있습니다.

삶의 의미는 주어지는 것이 아니라 찾아야 하는 것이기 때문에 사람마다 그 답을 찾는 시기와 과정이 다릅니다. 거기다 누구나 나이와 체력만 되면 어른 대접을 받았던 농경사회와 달리 복잡한 현대사회에는 삶의 의미를 찾는 데 더 오랜 시간이 걸리는 사람, 더 힘들어하는 사람, 정신적 스트레스를 더 크게 받는 사람도 많습니다.

그들은 왜 자살을
선택할 수밖에 없었을까?

저는 진료를 하며 우울, 불안, 폭식, 거식, 도벽, 자해, 폭력 등의 증상들이 잘 처리되지 못한 정신적 스트레스의 결과임을 알게 되었습니다. 하나의 자살 아래에는 더 많은 우울이, 그 아래에는 더 많은 스트레스와 적응 문제가 있었지요. 그리고 이 문제들이 가장 흔하게 나타나는 시기가 바로 20대입니다.

1996년은 한국과학기술원(카이스트) 학생의 자살 사건이 처음으로 외부에 알려진 해입니다. 최연소 카이스트 입학 기록을 가진 열다섯 살 학생이 목숨을 끊었지요. 제가 전문의로서 처음 잃은 환자 역시 당시 인터넷에서 화제가 된 유서를 남긴 서울대학교 학생이었습니다. 지금 제가 있는 대학교에서도 많은 학생이 정신적 어려움을 호소하며 치료를 받고 있습니다. 그리고 어떤 학생은 치료도 받지 않은 채 스스로 목숨을 끊습니다.

우리는 좋은 대학교에 입학해서 좋은 직업을 갖고 안정적인 삶을 살라는 말을 많이 듣습니다. 대학교에 합격했으니 어른들 말대로 고생은 끝나고 행복하기만 할 것 같지만 막상 입학해보면 당혹스럽습니다. 상황에 맞춰 스스로 목표를 세우고 실행하는 데 아직 익숙하지 않은 상태에서 선택해야 할 일이 많기 때문입니다. 우리의 교육제도가 특정 과목의 시험점수로 상대평가를 하다 보니 대학교에 입학하기 전까지 주도적이고 독립적인 능력을 갖출 기회가 적습니다. 시간과 에너지를 학과 공부, 진로 탐색, 취미, 인간관계 등 다양한 목표에 얼마만큼씩 배분할지 스스로 결정해야 하는데, 경험이 적으니 스트레스만 쌓이기 일쑤입니다.

유연성이 떨어지는 사람일수록 이러한 상황에서 스트레스를 크게 받습니다. 여기에 가족이나 사회로부터 결과에 대한 압박을 받으면 본인이 쓸모없는 사람이라고 생각합니다. 다른 사람들은 스스로 계획을 잘 세워서 실행하는데, 나만 못하는 것 같다고도 생각합니다. 고등학교까지는 성적이라도 괜찮아서 희망이 있었지만, 대학교나 대학원 이후로 어려움을 겪으면 재기할 수 없다고 느낍니다. 이렇게 자존감이 떨어진 상태에서는 휴학이나 자퇴, 아니면 다른 길을 모색할 엄두를 내지 못하지요.

이러한 스트레스가 겹겹이 쌓이면 우울해지고 심각한 경우에는 자살을 지속적으로 떠올리게 됩니다. 고등학교 때는 몇 년 후를 떠올리며 막연하게 고통을 참아왔다면 이제는 무엇을 꿈꾸며 살아야 할지조차 모호합니다. 결국 고통이 일상이 되어 차라리 죽는 것이 낫지 않을까 생각하는 지경에 이르고 말지요. 이들의 왜곡된 사고에서는 자살이 합리적인 판단이 되어버리는 것입니다.

저는 내담자들에게 얼핏 그럴듯해 보이는 이 판단에 대해 다시 생각해보자고 제안합니다. 만약 현대의학으로 고칠 수 없는 불치병에 걸려 통증이 심하고 정신도 흐려져서 자신의 존엄

성이 훼손된다고 느낀다면 죽음을 합리적인 판단으로 볼 수도 있겠습니다. 고통에서 벗어나는 것이 더 낫다고 생각할 수도 있지요. 그런데 실패로 인한 무력감이 아무리 고통스럽더라도 신체가 멀쩡한 사람이 이 고통에서 영원히 벗어날 수 없다고 생각하는 것은 합리적인 판단이라는 생각이 들지 않습니다.

종착지가 아니라
경유지라고 생각하기

자살을 생각했다는 학생을 만난 다음 날 누나는 결국 제 곁을 떠났습니다. 그사이 어렵게 입원한 학생이 병동에 있기가 불편하다며 부모와 함께 퇴원하기로 결정했다는 보고를 받았습니다. 자녀가 힘들어하는 모습을 보기 어려워 부모도 학생의 뜻에 마지못해 따른 것 같았습니다. 월요일 아침, 어머니 연락처를 알아내어 적절한 치료를 받지 않고 학교로 바로 복귀하겠다는 조바심이 이 병의 증상일 수 있다고 자세히 설명했습니다. '자녀의 쫓기는 마음'을 따르지 말고 '자녀를 올바르게 보호하는 마음'을 부탁하니 이해한 것 같습니다.

몇 해 전, 한 로스쿨 학생의 자살에 관한 기사가 났습니다.

경비원이 첫 시도에서 학생을 구해냈는데도 결국은 그를 끝까지 지키지 못한 학교의 매뉴얼 부재를 지적한 기사였습니다. 기사에는 어차피 죽을 사람은 말리지 못한다는 댓글들이 달렸습니다. 그러나 제가 경험한 현실은 다릅니다. 죽음밖에 떠올리지 못했던 사람이라도 적절한 시기에 적절한 치료를 받으면 건강한 모습으로 사회에 복귀할 수 있습니다. 이제 그들은 자신이 절대 다시 일어설 수 없을 것이라고 생각했던 것이 커다란 착각이었다고 말합니다. 진부한 말처럼 들릴 수 있겠지만 마음을 조금만 다르게 먹어도 가능한 일입니다. 혹시 마음먹기가 힘들 것 같다면 지체하지 말고 전문가를 찾아가길 바랍니다. 끝이라고 생각한 순간이 아직은 인생의 한 경유지라는 것을 알려줄 것이라 생각합니다.

인간은 삶의 의미를 고민하는 존재라서
아플 수밖에 없습니다. 그중에서도 삶의 의미를 찾는 데
더 오랜 시간이 걸리는 사람, 더 힘들어하는 사람,
스트레스를 더 크게 받는 사람이 있는 것은 당연합니다.

몸이 알려주는 뜻밖의 아픔

　내과에 감기 환자가 가장 많은 것처럼 정신건강의학과에는 우울장애 환자가 많습니다. '마음의 감기'라고 불리는 우울증, 곧 우울장애는 전 인구의 10~25퍼센트가 평생에 걸쳐 한 번은 경험할 정도로 매우 흔한 질환입니다. 그런데 감기처럼 가볍게 지나가는 문제가 아닐 수 있습니다. 감기라고 생각했는데 독감, 심지어 코로나19 확진을 받을 수도 있는 것처럼 말이죠.

　우울장애는 우울하고 슬픈 느낌만을 이야기하는 것이 아닙니다. 코로나19 확진자 중에도 무증상으로 지나가는 사람부터 중환자실에서 사망하는 사람까지 다양한 것처럼, 우울장애도 중증도와 공존질환에 따라 다양한 증상을 보일 수 있습니다. 슬픔과 같은 감정의 변화나 흥미의 감소를 비롯하여 식사, 수면,

피로 등 신체 반응의 변화, 죄책감, 집중력 저하, 자살사고 등 다양한 양상으로 나타날 수 있습니다. 슬프지는 않지만 종일 누워 있는데도 잠을 못 자거나 집중을 못해 업무를 수행하지 못하는 경우도 우울장애일 수 있습니다.

우울감은
질환이 아니라 증상

　우울장애는 단일한 원인에 의한 질환명이 아닙니다. 신경전달물질의 변화로 뇌의 특정 영역에서 활성이 떨어진 결과라고 알려져 있지만, 이것은 현상일 뿐입니다. 마치 호흡기를 통해 산소 공급이 어려워진 원인이 세균 감염일 수도 있고 천식일 수도 있지만, 환자가 느끼는 것은 모두 호흡곤란인 것과 비슷합니다. 어떤 사람은 사별, 실직 같은 힘든 사건을 겪으며 우울장애를 겪습니다. 어떤 사람은 뇌졸중과 같이 뇌에 직접적인 영향을 주는 변화 때문에 우울장애를 겪습니다. 어떤 사람은 당뇨, 심장질환 같은 전신질환 때문에, 어떤 사람은 약물 부작용으로 우울장애가 생길 수도 있습니다.

　가족 중에 우울장애 환자가 있으면 본인도 발생 확률이 높습니다. 그런데 신경과학자들은 아직까지 희소한 유전병처럼 우울장애가 발생하는 특정 유전자를 찾아내지는 못했습니다. 또한 키나 몸무게가 유전이 되지만 그 과정이 몇 개의 유전자로 결정되지 않고 매우 복잡하듯이, 유전자가 동일한 일란성 쌍둥이 중 한쪽이 우울장애를 겪는다고 해서 다른 쪽도 100퍼센트 겪는 것은 아닙니다.

개인의 성격도 영향이 있습니다. 자존감이 낮거나 완벽주의가 있으면 우울장애를 잘 겪는다고 합니다. 그런데 이런 성격이 타고난 것인지, 부정적 정서를 잘 다루지 못하다 보니 후천적으로 만들어진 것인지도 구분이 쉽지 않습니다. 많은 사람이 겪는 이 흔한 질환을 애초에 단일한 원인으로 설명하려고 한 시도가 잘못된 것일 수도 있습니다.

우울하지 않은
우울장애가 있다

우울장애를 직접 진단할 수 있는 혈액검사나 뇌영상검사는 아직 개발되지 않았습니다. 따라서 의사가 환자의 병력을 청취해서 이를 토대로 우울장애를 일으킬 수 있는 다른 신체질환이

나 공존이 의심되는 정신질환에 대한 검사를 해야 합니다.

우울장애는 증상을 통해 진단합니다. 주로 사용되는 미국 정신의학회의 《정신질환 진단 및 통계 편람DSM-5》의 진단 기준은 아래와 같습니다.

- 하루 종일 우울한 기분을 거의 매일 느낌
- 하루 종일 대부분의 활동에서 흥미나 즐거움을 느끼지 못하는 상태가 거의 매일 지속됨
- 체중조절을 하지 않는데도 체중 또는 식욕이 심하게 감소하거나 증가함
- 거의 매일 불면이나 과다 수면을 겪음
- 거의 매일 반응이 느리거나 불안한 신체 반응을 보임
- 거의 매일 피로나 활력의 상실을 겪음
- 거의 매일 무가치감 또는 과도하거나 부적절한 죄책감을 느낌
- 거의 매일 사고력이나 집중력의 저하 또는 우유부단한 태도가 나타남
- 죽음에 대해 반복적으로 생각하고 구체적인 계획 없이 자살 시도를 반복함 또는 자살 시도나 자살 수행에 대해 구체적으로 계획함

첫 번째, 두 번째 증상인 우울한 기분, 흥미나 즐거움의 상실 중 한 가지 이상을 포함하여 다섯 가지 이상의 증상이 2주 연속 지속되면 우울장애라는 진단을 내립니다. 다시 말하면 우울한 기분이 관찰되지 않는 우울장애 환자도 있다는 뜻입니다. 슬프거나 눈물을 흘리지 않지만 즐거움을 느끼지 못하는 사람이 불면, 식욕 저하, 활동량 감소, 피로, 집중력 저하 등을 겪어도 우울장애로 진단됩니다. 슬픔, 죄책감, 자살 생각이 없는 우울장애 환자도 있는 것이죠. 뇌의 이상으로 전반적인 신체기능과 함께 성욕이 떨어져 여러 진료과를 전전하며 많은 검사를 했지만 원인을 찾지 못하는 경우에도 우울장애가 원인일 수 있습니다. 우울장애가 있으면 많이 먹고 많이 자는 경우도 있습니다. 초조해지면 공황장애와 같은 불안장애가 동반되기도 합니다. 반대로 불안장애를 오래 겪으며 사회생활에 문제가 생기다 보니 우울장애가 발생하는 경우도 있습니다.

우울장애에도
유연한 처방을

많은 사람이 우울장애를 다른 사람의 도움 없이 해결하는 방법을 찾습니다. 나의 노력으로 이겨내지 못하면 계속 정신과 약에 의존해야 할 것 같아 두렵다는 이야기도 합니다. 하지만 우울감이 심하면 행동이 느려지고, 피곤하고, 집중을 못해 일상 생활을 하기가 힘듭니다. 학교 성적이 떨어지거나 직장에서 업무를 완수하지 못합니다. 가뜩이나 스스로를 부정적으로 보고 있는 상황에서 본연의 임무를 처리하지 못하니 부정적 기분의 악순환이 반복됩니다.

실제로 우울감 때문에 학업을 수행하기가 어렵다며 센터를 찾아오는 학생이 많습니다. 이 중에는 항우울제를 먹고 부정적 감정은 많이 완화되었지만 인지기능을 회복하지 못하는 경우가 있습니다. 이런 학생에게는 꾸준한 투약과 함께 목표를 설정하는 과제를 내줍니다. 돈이나 시간 관리를 배우듯이 하루와 같은 짧은 시간 간격으로 목표를 세우는 것이죠. 처음 계획이 무리였다면 바로 계획을 수정하고 틈틈이 휴식을 취하는 과정을 통해 자신의 수행 수준을 파악하면서 하루하루 목표한 바를 마무리해나가는 것을 배우게 됩니다. 이렇게 스스로 성취감을 느낄 수 있는 나날이 반복되면 점차 이전 수준으로 인지기능을 회복해 갑니다.

가장 문제가 되는 것은 자살사고입니다. 우울장애를 앓고 있다고 해서 자살을 시도하는 것은 아니지만 자살한 사람의 대부분은 다른 일차적인 원인이 있더라도 우울장애가 동반된 것으로 알려져 있습니다. 자살을 합리적인 판단으로 생각하게 된 데 우울장애가 영향을 끼친 것입니다. 그런데도 우울장애를 마음의 감기로 가볍게 생각해도 될까요? 몸이 알려주는 신호가 있다면 꼭 유의 깊게 살펴보길 바랍니다.

정신건강의학과
전문의가 권하는
유연함의 기술

우울감은 질환이 아니라 증상에 불과하며
중증도와 공존질환에 따라 다양한 증상을 보일 수 있습니다.
우울한 기분이 관찰되지 않는 우울장애 환자도 있습니다.
알 수 없는 이유로 정상적인 일상생활을 할 수 없는 나날이
반복된다면 병원에 방문하길 권합니다.

'워킹맘'의 균형이 깨지는 순간

대학교 상담센터라고 해서 찾아오는 학생들의 고민이 모두 학업과 진로에 국한되어 있지는 않습니다. 특히 제가 소속되어 있는 유니스트는 대학원생과 연구원의 비율이 높은 편이고, 교수나 직원도 센터를 방문합니다. 외국인도 많습니다. 이들이 배우자 또는 부모로서의 역할이나 가족의 경제를 책임지는 부담은 대개 학부생보다 클 수밖에 없습니다.

연구라는 어렵고 복잡한 일을 하면서 다른 역할도 잘 해내려 애쓰는 모습들이 대견합니다. 하지만 너무 높은 기준을 세우고 유연하게 대처하지 못한다면 어떻게 될까요? 예를 들어 연구와 육아를 병행할 때 그 균형이 맞지 않는 순간 다음과 같은 고민을 하는 것 같습니다.

"연구와 육아를 병행하려니 어느 것 하나 잘 해내지 못할까 봐 두렵습니다. 연구실에서만 할 수 있는 실험을 되도록 빨리 끝내고 집으로 돌아와 아이랑 놀아주는 틈틈이 노트북으로 논문 작업을 하는데 매번 쫓기는 마음이 듭니다. 어쩌다 아이가 소아과에 갈 일이라도 생기면 내가 제대로 돌봐주지 않아서 그런 것 같아 눈물이 나기도 합니다."

"내가 아이를 온전히 챙길 수 없어서 가족들의 도움을 받는데 마음에 썩 들지 않는 일이 많아요. 아이는 건강하게 잘 크고 있는데도 말이에요. 이유식을 챙기거나 아이를 씻길 때 유의할 것들을 목록으로 만들어놓고 일일이 확인하게 해요. 잘 지킨다고 대답하는데도 저는 묻고 또 물어요. 그러다 보니 가족들은 제가 힘들게 한다고 해요. 저도 이런 태도를 고치고 싶은데 잘 안 되니 또 속상해져요."

모두 학업과 육아를 잘하고 싶어서 생기는 고민들입니다. 이러한 고민들은 부모라면 누구나 하는 것처럼 보이지만, 그 바탕에는 완벽주의 성향이 자리잡은 경우가 많습니다. 완벽주의 성향이 있는 사람이 육아와 학업 또는 직장 업무를 병행하면서 그 성향이 더 심해지고 일상의 균형이 깨지는 것이죠.

이러한 완벽주의는 어떤 문제를 만들어 우리를 괴롭힐까요? 그 과정을 살펴보기 전에 많은 사람이 헷갈려 하는 완벽주의와 강박장애의 차이부터 살펴보고자 합니다.

완벽주의와
강박장애는 다르다

완벽주의란 완벽한 상태를 이루기 위해 끊임없이 노력해야 하는 신념을 말합니다. 완벽주의 성향이 있는 사람은 높은 기준을 세우고 성취감을 얻고자 고군분투하지요. 완벽주의가 정신질환 진단명은 아닙니다. 일상에서는 맡은 일을 완벽하게 해내려고 최선을 다하는 긍정적인 태도를 표현하는 데 사용되기도 합니다. 하지만 심리학적으로는 주로 작은 부분에서 완벽하지 못하다는 느낌이 들면 일을 진행하는 데 어려움을 겪는 모습을 표현하는 데 쓰입니다. 예를 들어 에세이를 잘 쓰려면 초고를 일단 완성하고 퇴고를 여러 번 하는 것이 좋다는 것을 머리로는 알지만 며칠 동안 첫 문장부터 완성하지 못한다면, 이를 두고 완벽주의 성향으로 힘들어한다고 말할 수 있습니다.

완벽주의는 긍정적 측면과 부정적 측면을 모두 가지고 있습니다. 완벽주의 성향이 있는 사람은 자존감, 자기효능감, 성취감 등을 남들보다 높게 얻을 수 있습니다. 하지만 자신의 기준에 미치지 못하면 아무리 노력을 많이 했더라도 스스로를 폄하하고 성취에 대한 압박감을 느끼며 불안감을 호소합니다. 일상생활이 불가능할 정도로 완벽주의 성향이 강하다면 심리상담과 인지행동치료cognitive behavioral therapy를 받아야 하며 약물치료도 병행해야 합니다.

완벽주의는 자신의 방식, 사소한 규칙 등을 지나치게 고수하는 강박성 성격장애obsessive compulsive personality disorder의 증상이기도 합니다. 강박성 성격장애가 있는 사람이 스트레스를 크게 받으면 강박장애obsessive compulsive disorder 증상을 보이는 경우가 있는데, 강박장애는 자신의 의지와 달리 특정 생각, 이미지, 충동이 갑작스럽게 반복적으로 떠오르거나 한 가지 행동에 비정상적으로 집착하는 현상을 말합니다. 이러한 강박장애는 자신을 불안하게 만드는 강박사고에 대해서만 반응하기 때문에 완벽주의와는 다릅니다. 강박장애는 질병이므로 완벽주의와 같은 성향으로 간주하고 치료를 미뤄서는 안 됩니다.

오염되었다는 생각에 손을 반복해서 씻는 행동을 예로 들어봅시다. 완벽주의 성향이 있는 사람은 본인의 손에 한 점의 얼룩이라도 있어야 씻습니다. 다시 말해 손이 깨끗하다면 씻지 않습니다. 하지만 강박장애가 있는 사람은 손이 충분히 깨끗하더라도 보이지 않는 세균이 붙어 있다고 생각해 지나치게 반복적으로 씻으며, 스스로 그 행동이 과도하다는 것을 알면서도 조절하지 못해 괴로워합니다.

안전을 확인하려는 생각과 행동 자체가 문제는 아닙니다. 감염의 위험에서 자신을 보호할 수 있고 실수를 줄이기도 하니까요. 하지만 과도하게 씻으면 피부가 갈라져 오히려 감염에 취약해질 수 있습니다. 문이나 밸브가 잠겼는지 확인하다 약속시간을 지키지 못해 우울장애가 생기는 사람도 있습니다. 모든 일이 그렇듯 조기에 치료하는 것이 예후가 좋기 때문에 만약 일상생활이 불편할 정도로 강박장애 증상이 나타난다면 하루라도 빨리 전문가의 도움을 받는 것이 좋습니다.

완벽하고 싶다는 욕망이
당신을 힘들게 한다

저는 육아 문제로 찾아온 사람들에게 다음과 같은 질문을 던집니다.

"좋은 연구자이면서 좋은 엄마가 되고 싶은 걸까요?"

"여러 역할을 다 잘하고 싶은데, 미흡한 것 같아 속상해요?"

"현재로는 나도 남도 충분하다는 생각이 들지 않나요?"

"확인하지 않으면 불안한가 봅니다. 그런데 확인을 해도 불안하네요?"

"여러 번 다시 확인한다고 해서 확신이 생기던가요?"

사실 완벽주의 성향은 잘하고 싶다는, 완벽하고 싶다는 욕망에서 기인합니다. '워킹맘'이라는 단어부터가 일과 육아, 두 마리 토끼를 잡은 완벽한 슈퍼우먼을 떠올리게 하잖아요? 사실은 하루하루 최선을 다해 나에게 주어진 소중한 것들을 지키려 노력하는 평범한 사람 중 하나일 뿐인데 말이죠.

워킹맘이라는 이름 아래 우리 사회가 어머니들에게 너무 많은 의무를 전가하는 것은 아닌가 싶습니다. '엄마는 이래야 해' '아이는 엄마가 돌봐야지'라는 사회적 인식이 어머니들을 슈퍼우먼이 되도록 내몰고 있습니다. 그 결과 내가 잘못하면 내 아이가 비난받을 것이라는 불안감과 압박감으로 점점 완벽주의 성향이 견고해지는 것이죠. 실제로 그렇지 않던 사람들조차 일과 육아를 병행하면서 완벽주의 성향을 띠게 되기도 합니다.

모든 분야를 잘 해낼 수 없다고 해서 하나만 집중하고 나머지는 버리라는 얘기가 아닙니다. 자신의 불완전함을 수용하고 적절한 우선순위를 정하자는 것이죠. 예컨대 아이는 나에게 너무나 소중한 존재지만, 육아를 직접 하지 않는다고 아이를 사랑하지 않는 것은 아닙니다. 만약 지금 당장 연구 결과 또는 프로젝트에서 성과를 내는 것이 중요하다면 육아는 잠시 믿을 만한 사람에게 맡겨두는 것이 아이와 나, 둘 다에게 서로 좋을 수 있습니다. 학업 또는 직장생활에 더 집중한 만큼 남은 시간을 아이에게 집중할 수 있을 테니까요.

또한 좋은 성과를 내려면 그 일이 잘 안 될 때도 긍정적인 감정을 느낄 수 있도록 자신만의 건강한 보상의 방식이 필요합니다. 값비싼 물건을 충동구매하거나 코인이나 주식에 한탕주의로 투자하는 것은 일시적으로 큰 자극을 주지만 오래가지 못합니다. 일상에서도 꾸준하게 하면서 긍정적인 감정을 자주 느끼게 해주는 보상의 방식이 압박감에서 벗어나는 데 많은 도움이 됩니다. 세계적인 리더들이 명상, 산책, 운동 등을 규칙적으로 하는 이유가 여기에 있습니다. 설거지를 직접 하는 백만장자도 있다고 하고요.

지나치게 완벽을 추구하는 것은 슬프게도 자신이 완벽하지 않음을 지속적으로 확인하는 과정이 될 수밖에 없습니다. 일이나 육아의 결과물로 나라는 사람의 가치를 판단하지 마세요. 무엇을 더 해야 하는지가 아니라 어떤 노력을 했는지 생각해보세요. 본인이 얼마나 멋있는 사람인지 알게 될 겁니다.

정신건강의학과
전문의가 권하는
유연함의 기술

지나치게 완벽을 추구하는 것은 결과적으로
자신이 완벽하지 않음을 확인하는 과정이 됩니다.
나의 가치를 '무엇을 더 해야 하는지'가 아니라
'어떤 노력을 했는지'와 연결해보세요.
본인이 얼마나 멋있는 사람인지 알게 될 겁니다.

나도 성인 ADHD가 아닐까?

공부나 연구에 집중이 안 된다며 상담센터에 오는 사람들이 있습니다. 혹시 말로만 듣던 성인 주의력결핍과잉행동장애 attention deficit hyperactivity disorder, ADHD가 아닌가 하고요. 그중에는 우울감이 심해 에너지가 부족한 사람도 있고, 걱정과 불안으로 학업에 방해를 받는 사람도 있습니다. 이들은 대개 학업뿐만 아니라 수면이나 집안일 같은 일상생활조차 원활하게 수행하지 못합니다. 동아리와 같은 작은 모임에 참석하는 것은 물론이고, 예전에는 잘 만나던 친구와 가벼운 식사 약속을 잡는 것조차 힘들어합니다. 맥락을 살펴보면 공통적으로 부정적 감정을 유연하게 처리하지 못해 다른 기능들조차 쇠약해진 결과임을 쉽게 알 수 있죠.

그런데 상담센터에 오는 사람들 중에는 일상적인 일들을 문제없이 해내는 경우가 있습니다. 여행 계획도 잘 세우고, 본인의 물건도 잘 챙기고, 사람들과의 관계도 원만하게 유지합니다. 그런데 중간고사 및 기말고사, 발표, 졸업 논문 같은 큰일에 집중하지 못해 좌절하지요. 사실 여행 계획도 잘 세우고, 대인관계도 원만한 사람이 졸업 논문을 쓰지 못한다고 해서 ADHD가 있는 것은 아닙니다. 이런 일들은 보통 이상의 집중력이 필요한 일입니다. 아마추어 대회에서 결선에 오르지 못했다고 운동능력에 문제가 있는 것은 아니잖아요? 회사를 다니던 사람이 퇴사를 하고 사업을 준비하거나 회사 안에서 큰 프로젝트를 맡았을 때 평소보다 더 많은 에너지가 필요한 것과 비슷한 일입니다.

주의력 부족을 단순하게 인식하지 않고 장애로 의심하는 것은 ADHD라는 진단명이 의료인이 아닌 일반인들에게도 익숙할 정도로 널리 알려졌기 때문이 아닌가 싶습니다. 1980~90년대에는 생소했던 이 진단명이 이제 누구나 아는 단어가 되었습니다. 방송 프로그램에서 한 연예인의 자녀가 극심한 ADHD로 가족 전체를 힘들게 하는 장면이 여러 번 나온 덕분일까요? 서울 강남에서 '머리 좋아지는 약'이라며 ADHD 치료제가 불법으로 거래되는 이야기는 이제 뉴스거리조차 되지 않습니다. 초등학교 교사였던 누나가 반 아이의 행동을 언급하며 ADHD를 의심해야 하는 것은 아닌지 물었던 것이 10년 전이었는데, 그 사이에 분위기가 확연하게 달라졌지요.

그런데 ADHD라는 진단명은 많이들 알지만 그 병에 관해서도 정확하게 아는 사람은 많지 않은 것 같습니다. 그래서 ADHD에 관한 몇 가지 사실부터 짚고 넘어가고자 합니다.

ADHD 환자는
정말 늘어났을까?

ADHD를 가지고 있는 아이들은 대개 지속적으로 주의를 집중하는 것을 어려워합니다. 부모나 교사가 주의를 줘도 손발을 계속 움직이거나 의자에 가만히 앉아 있지 못하는 등 산만하고 과잉되게 행동하며 성급하고 충동적으로 움직입니다. ADHD의 원인은 현재까지 정확하게 밝혀지지 않았습니다.

ADHD를 겪는 아이들은 전체 소아청소년의 5~7퍼센트로, 적은 편이 아닙니다. 이 비율은 10년 전에도 마찬가지였습니다. 여러 연구에 따르면 30년 동안 실제 유병률이 증가한 적은 없다고 합니다. 사실 기억을 떠올려보면 어릴 때 수업시간에 집중하지 못하고 실수가 잦아 야단맞던 아이가 한 반에 한 명쯤은 있었을 겁니다. 가만히 앉아 있지 못하고 손발가락을 꼼지락거리거나 머리카락을 만지작거리는 아이, 숙제나 준비물을 자주 깜빡해 교사에게 혼나는 아이 말입니다. 과거에는 ADHD에 대한 인식이 높지 않았고 정신건강의학과를 찾는 일을 지금보다 훨씬 꺼렸기 때문에 진단을 받지 못했을 뿐, 대부분 ADHD를 의심하고 치료받아야 했던 아이들입니다.

이제는 ADHD에 관한 정보를 인터넷에서 쉽게 찾을 수 있고 자가진단도 어느 정도 가능해지면서 스스로 또는 부모 손에 이끌려 병원을 내원하는 환자의 수가 증가했습니다. ADHD 관련 인식도 성숙해졌고 진단 기준 역시 완화되었습니다. 그렇다 보니 실제 유병률은 변하지 않았지만 ADHD 환자가 늘었다고 생각하게 된 것입니다. 하지만 정신건강에 대한 인식이 높지 않은 몇몇 지역에서는 ADHD로 괴로워하는 학생에게 여전히 '의지가 문제'라고 한다고 하니 안타깝습니다.

한편으로는 자녀의 학업 성적을 지나치게 우려하는 부모들 때문에 ADHD 진단이 아동기의 통과의례가 된 것은 아닌가 싶어 씁쓸하기도 합니다. 실제로 ADHD 치료제인 메틸페니데이트Methylphenidate(리탈린Ritalin, 각성제의 일종)가 '공부 잘하게 만드는 약' '집중력 높여주는 약'으로 유명해지자, 이 약을 구하기 위해 일부러 병원을 내원하는 사람도 있다고 합니다. 하버드

대학교의 한 학생은 "고등학교 때부터 리탈린 없이 에세이를 쓴 적이 없다"라고 고백했다고 하니 공부를 잘하길 바라는 부모들의 열망은 동서양의 구분도, 거칠 것도 없나 봅니다.

ADHD의
다양한 맥락들

사회적인 맥락이 어찌 되었든 조기에 발견되는 ADHD 환자의 수가 증가하고 있다는 것은 좋은 일입니다. ADHD는 조기에 치료만 잘 받으면 증상이 빠르게 호전되고 뇌 발달도 정상적으로 이루어집니다. 하지만 치료받지 않을 경우 단순히 학업에만 문제가 생기는 것이 아니라 교사와 주변 사람들로부터 부정적인 평가를 받아 쉽게 우울해지고 학교폭력을 경험할 수도 있습니다. 반대로 사춘기가 시작되면서 남들보다 자극을 많이 받아 일탈을 하기 쉽고 비행청소년이 되는 경우도 있습니다. 모두 과거에 교실에서 쉽게 볼 수 있었던 상황들일 겁니다.

ADHD에 대한 인식이 높아지자 자녀의 치료를 위해 방문했다가 부모 본인의 ADHD를 발견하는 경우도 늘어나고 있습니다. 직장과 가정에서 보인 잦은 실수와 충동성의 원인을 늦게

나마 찾은 것입니다. 세부적인 마무리가 어렵거나, 체계적으로 일을 진행하는 것이 어렵거나, 약속을 자주 잊어버리거나, 생각을 많이 해야 하는 일을 피하거나, 꼼지락거리지 않고 오래 앉아 있는 것이 힘든 경우 성인 ADHD인지 확인할 필요가 있습니다. 특히 이런 어려움으로 대학교 입학이나 취업에 고배를 마신 적이 있다면 병원을 찾으라고 권하고 싶습니다. 18세 이전에 진단된 환자에게만 보험급여 혜택을 제공하던 제한이 2016년에 폐지되어 총 성인인구의 3~5퍼센트인 ADHD 환자들도 도움을 받고 있습니다.

제가 ADHD로 진단한 학생들 중에는 처음부터 집중력 문제로 찾아오는 경우도 있지만, 스트레스 문제로 찾아와 우울감이나 불안을 해결하는 중에 해당 장애를 발견하는 경우가 있습니다. ADHD라고 해서 꼭 충동적이고 산만한 모습을 보이는 것은 아닙니다. 또래보다 집중력이 떨어지지만 겉으로는 얌전한 학생이라면 수업 진행을 방해하지 않으므로 눈에 띄지 않기 때문에 진단을 놓치기 쉽습니다. 또한 치료를 잘 받았더라도 과잉행동과 충동은 호전되지만 주의력 결핍은 지속되는 경우가 많습니다.

집중해서 들어야 하는데도 딴생각을 했다거나, 규정에 따라 일정을 확인하는 간단한 일을 어려워한다거나, 어려운 수식을

다 적용해놓고 사칙연산을 실수해서 틀렸다는 사례는 흔히 볼 수 있습니다. 이런 경우 약속시간을 잊지 않기 위해 적어놓고도 그 메모를 잃어버리기 일쑤고, 책상을 정리하기도 힘들어합니다. 혼자서 여행을 가는 것도 어려워하고, 긴 호흡으로 계획을 세우고 일정을 확인해가며 중요한 것들을 챙기는 일도 잘 못합니다. 그러다 보니 괜찮은 학점으로 대학교를 졸업한 사람이 대학원이나 직장에서 어려움을 겪는 경우도 있습니다. 지도교수나 상사가 보기에 별로 어렵지 않은 일에서 실수가 잦다 보니 혹시 그 일에 관심이 없는 것은 아닌지 오해를 사기도 합니다.

전문가를 만나야 이렇게 미묘한 증상까지 놓치지 않을 수 있습니다. ADHD에 대한 인식이 높아졌다고는 하지만 스스로 진단하기 어려운 장애가 바로 ADHD입니다. 한번은 불안장애로 찾아온 한 학생에게서 ADHD를 발견하고 치료한 적이 있습니다. 그 학생이 "처음으로 초점이 맞는 것 같아요"라며 만족감을 표현했을 때의 그 감격을 저는 지금도 잊지 못합니다. 색맹으로 살던 사람이 갑자기 세상의 색을 보게 된 것처럼, 그 학생은 항상 머릿속이 뿌옇다가 남들이 살고 있는 세상을 처음으로 알게 되었지요. 이런 변화를 더 많이 만들어낼 수 있으면 좋겠네요.

주의력이 아니라
인생의 우선순위를 잃어버렸다

ADHD가 아닌데도 ADHD와 비슷한 증상을 보이는 사람들은 어떻게 해야 할까요? 이런 사람들에게 저는 '그 일을 하는 이유가 무엇인지' 물어봅니다. '대학원 졸업 논문을 작성하는 이유는 무엇인가요?' '대학원 졸업 학위를 따서 무엇을 얻고자 하나요?' '이 과제를 해내면 무엇을 얻을 수 있죠?' '좋은 점수를 받으면 당신에게 무엇이 좋을까요?' 요즘 사람들의 관심을 생각해보건대 학생이 아니라면 다음과 같은 질문을 할 수 있을 것 같습니다. '부자가 되려는 이유가 무엇인가요?' '나도 가족도 행복하게 살 수 있다고 생각해서 부자가 되려는 것 아닌가요?' '그런데 돈이 많으면 정말 행복할까요?'

어려운 도전에서 성공하려면 내가 추구하는 가치와 그 목표가 일치하는지 살펴봐야 합니다. 내게 중요한 가치를 깨닫고 목표와 연결해야 의욕을 끌어낼 수 있습니다. 노래를 통해 감동을 주고 싶다는 목표를 가진 소년이 있다고 가정해봅시다. 그 소년은 음악이나 문학에는 관심을 보이는데 역사 공부에는 흥미가 없을 수 있습니다. 하지만 우연히 역사 뮤지컬을 관람한 뒤 관련 내용을 좀 더 알아야겠다는 생각이 들면 역사 공부에 의욕이 생길 수도 있습니다. 아니면 역사 점수가 잘 나와야 원하는 전공에 합격하는 상황이 되어 없던 의욕이 잠시나마 생길지도 모릅니다.

외국어를 유창하게 하거나 멋진 요리를 할 수 있는 능력을 마법처럼 쉽게 얻을 수 있다면 좋겠지만 현실에서 그런 능력이 내 손에 들어올 가능성은 매우 적습니다. 우리의 자원은 한정되어 있습니다. 따라서 내가 내 삶을 어떻게 살아가고 싶은지 알고 인생에 우선순위를 정해야 합니다. 그러지 않은 채로 계속 주어지는 대로만 따라가다 보면 결국에는 의욕을 잃으면서 악순환의 고리에 빠져듭니다.

그런데도 무리하게 자신이 원하는 것과 다른 목표를 향해 나아간다면 어떻게 될까요? 지금은 공부나 논문 작업에서만 어려울 수 있지만 나중에는 더 큰 문제가 생길지도 모릅니다. 실제로 악착같이 돈을 버는 데만 신경 쓰다가 건강이 망가지고 가족의 화목도 지키지 못해 무엇을 위해 돈을 벌었는지 모르겠다고 속상해하는 사람을 많이 봤습니다. 비슷한 맥락으로 사회적으로 인정받는 직업을 겨우 갖게 되었는데, 정작 자신의 적성과 맞지 않아 후회가 된다는 사람도 있습니다.

우리 사회는 주로 숫자로 비교하고 평가하다 보니 궁극적 목표와 이를 위한 수단을 혼동하는 경우가 많습니다. 무언가를 배우는 과정에서 좋은 점수나 등수를 얻는 것은 필요한 일입니다. 성적이 올라가면 성취감을 느끼고, 동기 부여도 됩니다. 내가 어느 특정 영역에 취약한지 알아내고 고치는 데도 도움이 되지요. 하지만 우선순위가 제일 높은 일은 아닙니다. 성적이 배움의 최종 목표가 아니라는 뜻입니다. 영어가 중요한 업무 분야에서는 영어 실력을 평가해서 인재를 채용하겠지만, 시험 점수가 가장 높다고 해서 일을 가장 잘하는 것은 아닙니다. 열심히 공부해서 따낸 1등이라는 결과가 행복이나 안정과 같은 가치를 보장해주지는 않습니다.

졸업이 미뤄진 대학원생이 있었습니다. 부모의 기대에 못 미칠까 봐 마음을 졸이다가 졸업시험에서 큰 실수를 해 떨어지고 만 것이었죠. 이 학생은 그 결과를 부모에게 말하지 못하고 전전긍긍하며 저를 찾아왔습니다. '왜 졸업시험에 통과하지 못한 것에 대해 부모님이 화낼 거라고 생각하는지' '부모님은 학생에게 어떤 점을 바란다고 생각하는지' 등을 물어보았습니다. 또한 '졸업시험에 떨어진 것은 인생 전체를 놓고 볼 때 큰일이 아니'라는 것을 여러 번 인지시켜주었죠. 몇 번의 대화 끝에 그 학생은 '부모님 역시 나의 행복을 바라지 않을까? 그렇다면 나를 이해해주지 않을까?' 하는 희망을 품게 되었습니다. 하지만 약간의 불안함이 있어 졸업시험에 떨어진 사실과 자신의 감정을 편지로 써서 부모에게 전달했죠. 그 결과 가족과의 관계는 더욱 돈독해졌고 그다음 학기에는 무사히 시험에 합격했습니다.

현재 세워놓은 인생의 우선순위에는 각자의 사연이 있을 것입니다. 예를 들면 어린 시절에 경제적으로 힘들었던 기억이 있다면 돈과 관련된 목표를 우선으로 할 것입니다. 돈이 충분해야 가족이 아파도 마음이 든든하다며 삶의 가치 중에 우선순위를 높여두는 것이죠. 그리고 누군가 대신해서 세워준 목표도 분명 있을 것입니다. 내가 세우지 않았다고 해서, 부정적인 경험에 의해 세웠다고 해서 무조건 좋지 않은 목표는 아닙니다. 내가 세운 목표들을 하나하나 실행하는 데서 오는 성취감이 선순환을 만들어내고 있다면 그것은 분명 바람직하게 세워진 우선순위입니다.

그러니 일상생활에서 특정 순간마다 집중력이 떨어지고 의욕이 생기지 않는다면 인생의 우선순위를 돌아보길 바랍니다. 나는 인생의 크고 작은 목표들을 이루기 위해 노력하면서 성취감을 느끼고 있나요?

ADHD가 아닌데도 비슷한 증상을 보인다면

스스로에게 그 일을 하는 이유가 무엇인지 물어보세요.

'자신이 원하는 것과 다른 목표를 향해

무리하게 나아가는 것은 아닌가요?'

'인생의 우선순위를 정했나요?'

상대적 박탈감을 느끼는 진짜 원인

정신질환 진단명 중에는 신체추형장애body dysmorphic disorder 라는 것이 있습니다. 남들은 잘 알아볼 수 없는 신체의 작은 결함을 두고 걱정을 반복하거나 타인과 비교하는 것이 주요 증상입니다. 사람을 만나지 못하거나 일을 할 수 없을 정도로 증상이 심하면 정신건강의학과를 찾아 치료를 받아야 합니다. 하지만 이러한 환자들 중 상당수가 정신적인 치료를 하기보다는 성형외과나 피부과를 찾는 것으로 알려져 있습니다.

제가 수련을 받았던 서울대병원 6층에는 성형외과와 피부과가 정신건강의학과와 같이 있었습니다. 전공의 초반에 교수 연구실 복도에서 누군가 심하게 감정적인 호소를 하는 바람에 소동이 생기면 우리 과와 관련된 일인 것 같아 미안한 마음이 들었는데 나중에 알고 보니 옆 전공과 관련된 일이어서 신기해하기도 했습니다. 신체추형장애는 우울장애, 불안장애 등을 동반하기 쉽고 심하면 자살에 이르기도 합니다. 인구의 0.7~2.4퍼센트가 경험하며 대개 청소년기에 시작됩니다.

진단명으로 들으면 성형수술을 반복해서 부자연스러운 외모를 갖게 되었다는 사람을 떠올릴 수도 있겠네요. 그러나 병으로 진단받을 수준은 아니더라도 대학생의 절반이 자신의 외모에 불만을 느낀다는 통계를 보면 청소년기에 흔히 가질 수 있는 것이 외모 고민이라는 생각도 듭니다. 또한 신체추형장애를 앓는 사람들 중에는 여성이 많을 것이라고 예상하지만, 실제로는 남성도 꽤 많다고 합니다. 보디프로필을 찍는 열풍이 일면서 근육을 키우기 위해 스테로이드를 과도하게 사용한 결과 건강이 나빠져 병원을 찾는 남성이 많은 현상이 이를 대변합니다.

외모 고민이 다른 문제를
덮고 있는 것은 아닐까?

그런데 보디프로필의 후유증으로 폭식증, 탈모, 빈혈 등을 호소하며 병원을 찾았던 사람들 중 일부는 또다시 보디프로필

촬영을 준비합니다. 카메라 앞에서 몸을 촬영하기 위해 극단적인 운동과 다이어트를 하고 부작용에 시달리는 이 패턴을 1년에 아홉 번이나 거듭하는 사람도 있다고 합니다.

이런 이야기를 들을 때마다 저의 학창시절이 떠오릅니다. 보디프로필을 찍는 사람들처럼 열심히 외모를 꾸미거나 진단명을 붙일 만큼 힘들지는 않았지만, 외모에 대한 고민이 가볍지 않았습니다. 특히 1990년대에는 키 큰 남성에 대한 선호가 강해서 저의 작은 키에 대한 불만은 커져만 갔습니다. 미디어의 영향도 있었지만 덩치 크고 힘센 아이한테 괴롭힘을 당할까 봐 걱정되기도 했거든요. 외국 브랜드의 옷을 입고 뽐내는 세련된 부잣집 아이를 보면 가슴이 울렁이기도 했습니다. 고등학생이 되면서 남들보다 여드름도 심하게 났습니다. 그때는 화장으로 여드름을 가린다는 것은 생각도 할 수 없어서 학교에 갈 때마다 몇몇친구가 별명을 붙이며 놀리는 소리를 고스란히 들어야 했죠. 그런 날이면 피부가 깨끗한 친구를 보며 자괴감에 휩싸이기도 했습니다. 결국에는 스트레스가 심해져 어머니한테 피부과에 보내달라고 조르기도 했습니다. 물론 어머니는 피부과 약은 독하기만 하다며 들어주지 않았습니다.

나이가 들어 직업과 지지해주는 사람들이 생기면서 외모가 삶에서 차지하는 비중이 줄었습니다. 키는 여전히 많이 크지 않고 곳곳에 여드름 자국이 남아 있으며 완벽한 능력을 갖춘 것은 아니지만, 적당히 즐기면서 힘든 시기를 넘겨온 것 같습니다. 모든 순간이 행복한 것은 아니지만 지금은 결혼을 하고 아이도 생겼죠. 만약 삶이 만족스럽지 않고 함께 어울릴 친구까지 없으면 어땠을까요? 끊임없이 남과 비교하며 나의 부족한 점에 집착했을 것 같습니다. 아마 저도 부작용을 겪으면서 계속 보디프로필 촬영에 집착하는 사람들과 다르지 않은 삶을 살았을 것입니다.

젊은이들이 자신의 외모에 집착하는 것이 한편으로 이해가 됩니다. 모든 것이 불확실하고 안정감이 떨어진 상태에서는 눈에 보이는 외모에 관심을 쏟을 수 있으니까요. 그러니 외모에 대한 고민이 다른 문제들을 덮고 있는지 살펴볼 수 있어야 합니다. 만약 외모 문제를 해결해주면서 경제적 부담이 적고 부작용도 없다면 미용 수술을 받는 것도 괜찮습니다. 그런데 남들은 알아보지도 못하는 작은 결점이거나 성형외과 의사도 권하지 않는 수술이라면, 게다가 수술을 하고 나서도 문제가 해결되지 않는다면 다른 마음의 문제를 외모 탓으로 돌리는 것일 수도 있습니다. 정작 중요한 마음의 문제는 방치한 채 몸에만 수술칼을 반복해서 들이대고 있을지 모릅니다.

SNS가 만든
일상추형장애

외모뿐만 아니라 누군가의 일상과 나의 일상을 끊임없이 비교하고 부정적인 감정을 느끼는 것 또한 마찬가지입니다. 몇 년 전부터 유명 SNS들의 앞글자를 따서 '카. 페. 인 우울'이라는 신조어도 생겼습니다. 인플루언서라고 불리는 사람들이 SNS에서 멋진 휴양지, 고급차를 배경으로 비싼 옷과 잘 가꾼 외모를 뽐내는 모습을 보고 상대적 박탈감을 느끼는 것입니다. 이렇게 일상까지 비교하며 우울해하는 모습을 보면 가히 일상추형장애라고 해도 이상하지 않습니다. 신체추형장애의 기준인 몸을 넘어 남에게 보이는 모든 것에 대해 상대적 박탈감을 느끼니까요.

인플루언서들이 올리는 광고에서나 볼 법한 멋진 모습들은 마치 옆집 거실에서 현재 벌어지는 일처럼 느껴집니다. 잡지, 영화, TV에 나오는 영화배우나 모델의 모습은 객관적으로 바라보는 사람도 SNS에 올라오는 타인의 '멋진 일상'을 자신의 상황과 쉽게 비교를 하게 됩니다. 기존의 미디어는 특별한 외모를 가진 사람을 골라 분장, 조명, 편집으로 최상의 상태를 보여준다는 것을 알고 있지만 SNS에는 나와 다를 것이 없다고 생각한 사람들이 '일상처럼 보이는 모습'을 공유하니까요. 그래서 가까운 친구들이 올린 해외여행이나 비싼 음식 사진에 댓글과 '좋아요'가 많이 달리면 더 불편한 감정을 느낍니다. 합격증과 같은 성취의 결과물을 SNS에 공유해서 칭찬과 격려를 받고 있으면 축하해주면서도 혹시 나만 뒤처지는 것이 아닐까 초조해집니다. 심지어 몇몇 인플루언서가 유명해지면서 공중파 방송에 나올 정도로 영향력이 커지고 부자가 되는 모습을 보면 마음이 더욱 착잡해집니다.

우리는 SNS 역시 TV를 볼 때처럼 '편집된 화면'이라는 점을 잊지 말아야 합니다. 편집은 허구를 만들어냅니다. '엄마 친구 아들'은 똑똑하고, 잘생기고, 능력 좋고, 부지런하며, 돈까지 잘 벌어 그 돈을 다 엄마한테 드리고, 집안일을 잘 돕고, 연애도 잘합니다. 엄마는 마치 어디에나 있는 사람처럼 이야기하지만, 사실 이렇게 전지전능하다면 TV에 나오거나 신문기사에 나와도 될 법한 대단한 인물입니다. 이 엄친아는 아마도 여러 사람의 장점을 합쳐놓은 것이거나 상상력을 발휘해 만들어진 인물일 것입니다. 이런 사람들과 비교하며 상대적 박탈감을 느끼는 것은 나에게 불가능한 완전함을 강요하는 일입니다. 세상에 있지도 않은 완벽한 사람보다 잘난 사람은 아무도 없습니다. 요즘에는 기술이 좋아져서 카메라 필터를 쓰면 누구나 연예인처럼 콧날은 오똑하고 피부는 백옥 같은 모습으로 사진을 찍을 수 있습니다. 가상 인간이 실제 현실 속 인플루언서처럼 활동하는 SNS 계정도 나오는 시대입니다. SNS 인플루언서들은 대중들에게 자신을 보여줄 때 외모뿐만 아니라 집, 자동차, 옷 등에도 필터를 씌워 좋아 보이는 것들만 편집해서 보여준다는 것을 잊지 마세요.

사실 '타인과의 비교'가 꼭 나쁜 것만은 아닙니다. 나보다 잘난 사람과 비교해서 박탈감만을 느낀다거나 불쌍한 사람과 비교해서 자기위안만 얻는 경우가 아니라면 다른 사람과의 비교는 나를 성장시키는 원동력이 됩니다. 아무리 노력해도 이룰 수 없는 것이 있다는 것을 이해하고, 꼭 가지고 싶은 것이 있다면 열정을 품을 수 있고, 자신의 장점에 집중해볼 수도 있습니다. 학창시절 키가 작아 고민이었다는 농구, 배구 선수들의 이야기를 들어봤을 것입니다. 만약 그들이 어릴 때 다른 친구들과 비교하고 키가 작다는 상대적 박탈감에 빠져 운동을 그만두었다면 어땠을까요? 주전선수가 아니더라도 원하는 것을 시도해보고 만족해하는 경험을 못 해봤을 겁니다. 운 좋게 키가 커져 세계적인 선수가 될 가능성도 사전에 차단됐겠지요.

내가 모든 것을 잘 해낼 수 없다는 것을 받아들여야 합니다. '최상위권'이 아니더라도 일상에서 즐거움을 느끼며 사는 사람은 많습니다. 어느 측면이든 사회에 기여하고 있다면 자부심을 느껴도 됩니다. 의식주를 해결하고 세금을 내는 것도 사회에 기여하는 일입니다. 모든 면에서 뛰어나지 않더라도 내가 괜찮은 사람이라는 느낌을 가질 수 있다면, 다시 말해 나의 불완전함을 받아들일 수 있다면 상대적 박탈감에서 벗어나 인생이 편해집니다.

정신건강의학과
전문의가 권하는
유연함의 기술

SNS 인플루언서를 두고 나와 비교하며 상대적 박탈감을
느끼는 것은 나에게 불가능한 완전함을 강요하는 일입니다.
SNS에 올라오는 사진과 동영상은 최대한 화려하게 보이도록
편집되었다는 사실을 잊지 마세요.

뇌에 새겨진 상처는
어떻게 마음을 망가뜨리는가

"무서워하는 데 꼭 이유가 있어야 하는 건 아니란다."

프랑스 소설가 로맹 가리Romain Gary(필명은 에밀 아자르Emile Ajar)의 《자기 앞의 생La vie devant soi》에 나오는 구절입니다. 주인공 모모에게 로자 아주머니가 하는 말입니다. 로자 아주머니는 아우슈비츠 수용소에서 살아 돌아온 홀로코스트 피해자죠. 로자 아주머니는 모모에게 자신의 지하실을 일컬어 "내가 무서울 때 숨는 곳"이라며 위와 같이 말합니다.

상담센터를 찾아온 환자들 중에는 갑자기 몸을 통제하기 힘들어 무섭다며 다음과 같은 이야기를 하는 사람이 많습니다.

"침대에 누워 있는데 갑자기 숨을 쉬기 힘들었어요."

"어느 날부터 갑자기 사람이 많은 곳에 가기 힘들어요."

이 사람들과 로자 아주머니는 정말 아무런 이유 없이 아프게 된 것일까요?

아픔의 이유에
'갑자기'는 없다

특별한 이유 없이 갑작스럽게 극단적인 불안 증상을 보이면 공황장애로 진단합니다. 공황장애는 최근 10년 사이 사람들 사이에서 널리 알려진 의학 용어가 되었습니다. 한때 유행병처럼 느껴질 정도로 유명인들이 잇달아 방송에서 자신이 경험한 공황장애 증상을 이야기한 덕분일까요? 이제는 출근하다가 비슷한 증상을 겪었다며 병원을 찾는 직장인도 많다고 합니다.

실제로 공황장애의 주요한 특징 중 하나인 공황발작panic attack은 성인 인구 5~10퍼센트가 일생 중 한 번은 경험한다고 합니다. 공황발작이 일어날 경우 특별한 이유 없이 극심한 공포와 함께 심장이 쿵쾅거리고, 숨이 쉬어지지 않으면서, 몸이 이상해지는 느낌이 30분 정도 지속되다 증상이 끝나면 죽다 살아난 느낌이 듭니다. 이것이 한 번으로 끝나지 않고 반복되면, 언제 발작이 올지 몰라 불안해하느라 삶의 균형이 깨집니다.

참고로 공황장애와 밀접한 관계를 맺고 있는 광장공포증 agoraphobia은 '광장'과는 관계없이 도움을 받기 어려울 것 같은 장소를 피하는 증상을 말합니다. 집과 같이 나를 도와줄 사람이 있고 편하게 쉴 수 있는 곳이 아닌 장소를 불안해하지요. 대중교통처럼 모르는 사람만 많고 중간에 마음대로 내리기 어려운 경우가 흔한 예입니다. 광장공포증 환자의 약 3분의 2가 공황장애를 가지고 있다는데, 대개 공황발작을 일으켰던 장소를 기피하는 경향이 심합니다.

공황발작을 처음 겪으면 대개 놀라서 응급실을 찾습니다. 이때 심장마비인 것 같다고 찾아온 환자를 두고 응급의학과 전문의들이 하는 조치는 여러 검사를 통해 심장에는 이상이 없으며 산소가 부족한 것이 아니니 과호흡을 하지 말라고 안심시키는 것이 전부입니다. 환자는 몸에 문제가 없어 다행이라 생각하려 노력하지만, 예상치 못한 순간에 또 한 번 공황발작을 경험하고 다시 응급실을 찾습니다. 그리고 정신건강의학과 치료를 받으라는 처방을 받습니다. 지금은 공황장애에 대한 인식이 높아졌지만, 예전에는 몸에 심각한 문제가 있어 응급실에 왔는데 아무런 조치 없이 정신건강의학과를 가라고 하니 받아들이지 못하거나 되려 성을 내는 사람이 많았습니다.

사람들이 받아들이기 힘든 것도 이해가 됩니다. 공황발작이 꼭 내가 정신적으로 힘든 순간에 찾아오는 것은 아니기 때문입니다. 하지만 마음에 새겨진 상처는 흔적이 남을 수밖에 없습니다. 그리고 그것은 뇌에 영향을 끼치죠.

뇌의 센서가
자주 켜지면

태곳적부터 동물들은 살아남기 위해 뇌에 센서를 장착했습니다. 이 센서는 위험을 감지하고, 맞서 싸우거나 빠르게 도망가라고 명령을 내립니다. 이 센서가 작동하면 동물의 심장은 평소보다 박동이 빨라지고, 호흡이 가빠집니다. 싸우거나 도망가기 위해 많은 산소와 영양분을 팔과 다리의 근육으로 보내기 때문입니다. 이렇게 신경이 곤두서는 동안에는 소화나 휴식을 위한 기능이 억제됩니다. 이런 응급 전시태세는 위험이 사라졌다는 것을 인지하는 순간 완화됩니다. 과도하게 지속하다가는 몸이 견디지 못할 테니까요.

이 불안과 공포를 느끼는 센서에 오류가 생기면 극심한 불안을 동반한 공황을 겪습니다. 성적이 떨어져 부모에게 혼날때, 손님이 갑질을 할 때, 비합리적인 상사의 눈치를 볼 때 스트레스를 받은 몸은 긴장 상태에 빠지고 뇌는 그 상황을 위험으로인식합니다. 하지만 그 순간이 지나면 대개는 바로 괜찮아집니다. 그런데 이러한 상황이 반복되면 어떻게 될까요? 뇌의 센서가 켜지는 순간이 반복될수록 우리의 몸은 수시로 긴장하게 되고, 그 결과 완화해야 할 순간이 언제인지 모르게 됩니다. 뇌의센서가 언제 작동하고 쉬어야 할지를 모르는 것이죠. 한편으로갑작스러운 사고나 성폭행 등 누가 보기에도 큰 사건 역시 뇌의센서에 오류를 일으킵니다.

고장 난 센서는 집에서 편하게 소파에 앉아 있을 때, 카페에서 지인과 이야기를 하고 있을 때, 지하철을 타고 출근할 때 갑자기 켜집니다. 갑질하는 손님에게 허리를 굽히고 비합리적인 상사의 지시에 따를 때는 괜찮다가 이와는 전혀 상관없는 순간에말이죠. 그러니 당사자가 갑자기 가슴이 아프고 숨이 막히는 이증상의 진짜 원인을 받아들이기가 힘든 것은 당연할지도 모릅니다. 차라리 갈비뼈가 부러졌다거나 심장에 염증이 생겨 통증이있다고 하면 받아들이기 쉬운데 뇌가 원인이라고 하니까요.

흔히들 공황장애 환자를 물이 든 컵에 비유합니다. 빈 컵에

물을 조금 붓는 것은 아무런 문제가 되지 않지만, 찰랑거릴 정도로 물이 차 있는 컵에는 물 몇 방울만 더해도 넘치고 맙니다. 컵에 차 있는 물은 환자의 일상생활에 늘 존재하는 기본 스트레스이고, 물 몇 방울은 아주 사소한 스트레스 사건들입니다. 그리고 물이 넘치는 그 순간에 바로 공황발작이 일어납니다. 공황장애 환자가 스트레스를 폭발적으로 표출하는 것입니다.

상담센터를 찾아오는 사람들도, 로자 아주머니도 마찬가지입니다. 이유 없는 아픔은 없습니다. 유전적인 영향으로 공황장애에 시달릴 수도 있겠지만, 그들 역시 분명 센서에 오류를 일으킨 크고 작은 아픔들이 있었을 것입니다. 제 상담센터를 찾아오는 학생들은 대개 성적과 미래에 대한 두려움으로, 로자 아주머니는 과거 나치즘에 의한 피해와 병원에서 홀로 죽음을 맞이하고 싶지 않은 과도한 불안으로 센서에 오류가 일어난 것입니다.

현대사회에 적합한
센서 작동법

오작동을 일으키는 센서를 우리 뇌에서 제거할 수는 없습니다. 이런 센서가 없었다면 인간이라는 종은 진화론적으로 살아

남지 못했습니다. 실제로 센서가 둔감한 동물은 자신의 천적에 잡아먹혀 자손을 남기지 못했습니다. 반대로 센서가 너무 민감한 동물은 지나치게 적을 신경 쓰다가 먹이를 충분히 먹지 못해 도태되었겠죠.

오늘날에도 일을 잘하려면 적당한 긴장이 필요합니다. 과도한 긴장은 오히려 일을 잘 못하게 만들 수 있습니다. 아무리 익숙한 수학 문제라도 옆에서 누군가 총을 겨누고 틀리면 쏘겠다고 위협하면 잘 풀 수가 없습니다.

오른쪽에 그래프 두 개가 있습니다. 미국의 심리학자 로버트 여키스Robert M. Yerkes와 존 도슨John Dillingham Dodson이 발표한 여키슨-도슨 법칙 그래프로, 수행 능력과 긴장 사이의 관계를 보여줍니다. 첫 번째 그래프에 따르면 긴장을 할수록 수행 수준은 올라가지만, 중간 수준 이상의 긴장을 하면 수행 수준이 급격하게 떨어집니다. 두 번째 그래프는 하려는 일의 종류의 따라 최고 효율을 내는 긴장도가 다르다는 것을 보여줍니다. 예컨대 일정을 정리하고 메일에 답변을 보내는 간단한 작업을 할 때는 조용한 카페처럼 약간의 소음이 있어 긴장을 하게 만드는 환경이 적절합니다. 하지만 작곡이나 작문 등 복잡한 작업을 할 때는 낮은 수준으로 긴장을 유지할 수 있는 매우 조용하고 방해받지 않는 환경이 적절합니다.

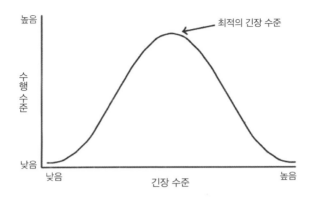

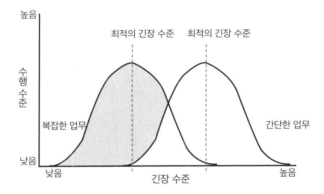

　복잡한 현대사회에 들어오면서 많은 사람이 자신의 상황에 맞게 긴장도를 조절하며 효율적으로 살아가고 있습니다. 그러지 못하는 사람들은 현대사회에 맞게 뇌의 센서를 다시 고쳐야 합니다. 점점 약해졌든 갑자기 망가졌든 오류가 생긴 센서에서 보내는 위험신호는 악순환을 만듭니다. 공황발작이 계속되면 일상생활에 지장이 생겨 우울장애까지 찾아올 수 있습니다. 연이어 공포에 사로잡히는 것도 힘든데 무기력하고 우울해지면 자살사고로 발전할 수도 있습니다. 공황발작 자체로 죽지는 않지만, 공황발작으로 인한 우울장애가 자살사고를 일으켜 실제로 목숨을 잃는 경우도 있습니다. 따라서 언제 공황발작이 올지 몰라 계속 불안하고 일상생활을 유지하기가 어렵다면 적극적으로 치료를 받아야 합니다.

공황장애 환자는 불안에 따르는 신체 반응을 이해하고 조절하는 훈련을 받아야 하며, 필요하다면 약물치료도 병행해야 합니다. 부정적 생각이나 걱정을 하고 있지는 않은지 스스로 점검하고 건강한 사고방식으로 바꿔야 합니다. '다시 공황발작이 오면 진짜 큰일이 날지도 몰라'라고 생각하면 생활 반경이 더 좁아지고 방어적이 되므로 문제해결에서 멀어집니다. '공황발작이 오더라도 미리 익혀둔 호흡법을 활용하면 금세 안정을 찾을 수 있어. 너무 걱정하지 말자'라는 마음으로 일상을 지키면서 자신감을 회복하는 것이 중요합니다.

진화론과 뇌를 통해 아픔의 맥락을 파악한다는 것이 뜬금없게 들릴지도 모르겠습니다. 하지만 그만큼 건강은 수많은 요소의 균형에서 출발한다는 점을 이해해야 합니다.

정신건강의학과
전문의가 권하는
유연함의 기술

갑자기 죽을 것 같은 공포를 느끼는 공황장애는
마음의 상처가 뇌에 흔적을 남겼기 때문일 수 있습니다.
이유 없는 아픔은 없습니다. 뇌에 있는 센서가 과민하게
반응하게 된 원인을 찾고 긴장도를 조절하는
훈련을 해야 합니다.

2장

나의 불완전함을 받아들이면
인생이 편해진다

갑작스러운 변화에도 흔들리지 않는 유연함의 기술

상담센터를 여러 번 찾는 사람들 중에는 매번 다른 문제를 들고 오는 경우가 있습니다. 하지만 문제의 맥락을 살펴보면 대개는 그 양상이 똑같습니다. 예를 들어 작년에는 친구 문제로 불안하다며 찾아온 사람이 이번에는 일에 집중이 안 된다고 찾아옵니다. 자세히 문제를 들여다보면 상급자와의 갈등을 잘 처리하지 못하는 것이 원인입니다. 학교에서는 더 많은 사람에게 기회를 주기 위해 한 명당 상담 및 치료 기간을 매주 1회씩 8주로 제한하고 있는데, 이 기간으로 부족한 경우에는 외부 병원에서 치료를 이어가도록 안내합니다. 이들 중 일부는 증상이 약간 완화되었다는 것에 만족하고 치료를 중단해 다시 악순환에 빠지지요. 반면에 8주 만에 악순환 패턴이 놀랍게 개선되는 사람도 있습니다. 이런 사람들은 마음의 문제를 일으킨 사건이 완전히 해결되지 않더라도 더 이상 스트레스에 짓눌려 자신을 괴롭히지 않습니다.

이러한 차이는 인생에 변화가 생길 때마다 크게 벌어집니다. 누구나 심각한 질병에 걸리거나 사고를 당하면 머릿속이 복잡해지고 마음이 불편합니다. 하지만 승진해서 연봉이 오르거나 사랑하는 사람과 결혼했다고 해서 마냥 기쁘고 행복하지만은 않습니다. 마음에 문제가 있어서가 아니라 뇌가 익숙하지 않은 환경에 대처하느라 할 일이 많아지기 때문입니다. 크고 깨끗한 집으로 이사를 가도 새로운 집에 익숙해지기 전에는 신경 써야 할 일들이 많은 것과 비슷합니다. 놀이공원에 가면 재미를 느끼지만 한편으로 피로감도 늘어나잖아요? 체력에 여유가 있을 때는 피로보다 재미에 집중할 수 있을 것이고, 반대의 경우에는 힘들기만 하겠죠.

어떤 사람은 변화한 환경에 신경을 너무 많이 쓰느라 크게 스트레스를 느끼는 반면, 어떤 사람은 적당하게 신경을 써서 스트레스를 덜 느낍니다. 코로나19 바이러스 확산으로 사회적 거리두기가 시행되고 일상이 크게 바뀌었을 때 어떤 사람은 갑작스러운 재택근무, 확연하게 줄어든 인간관계, 문을 닫은 피트니스센터에 일일이 신경을 쓰며 스트레스를 느꼈습니다. 하지만 어떤 사람은 변화를 인정하고 자신이 바뀐 환경에 어떻게 대응할지를 생각했죠.

최근 100년의 역사에서 어느 10년을 잘라서 생각해봐도 평범한 시민의 생활에 영향을 주는 사건이 없던 평온한 기간은 없었습니다. 세계적인 단위가 아니더라도 내가 사는 지역, 내가 종사하는 사업 단위, 여기에 이직, 결혼, 출산 같은 개인의 삶까지 포함하면 변화를 피하는 것은 불가능합니다. 따라서 건강하게 살려면 변화된 상황을 이해하고 받아들여 적극적으로 적응해야 합니다.

변화된 상황이 좋지 않더라도 그대로 받아들이라는 말이 아닙니다. 이럴 경우에는 완벽하지는 않더라도 더 나은 대안을 찾아보거나 다른 방식으로 문제를 해결하는 식으로 변화에 적극적으로 대응할 능력을 길러야 한다는 뜻입니다. 이 장에서는 반복되는 문제와 변화에 어떻게 유연하게 대응할 수 있는지 살펴보고자 합니다. 그 과정에서 문제를 해결하는 방법 역시 다양하다는 사실을 알게 될 겁니다.

언제든지 바뀔 수 있다는 마음이면
인생이 편해진다

2020년 초부터 2년이 넘는 기간 동안 이제껏 경험한 적이 없는 큰 규모의 세계적 사건이 우리의 삶을 관통했습니다. 모든 뉴스는 코로나19에 집중되었고, 학생들은 대부분 온라인 수업, 직장인들은 재택근무로 일상의 모습이 뒤바뀌었습니다. 초반에는 예상치 못한 변화에 적응하느라 스트레스를 겪지 않는 사람이 없었을 것입니다. 하루는 밤 아홉 시에 구글 서비스가 멈춘 적이 있습니다. 곳곳에서 불편을 토로하는 목소리들이 나왔습니다. 특히 저희 학교에서는 구글의 공유문서로 원격 기말고사를 보는 중에 시험이 중단되는 사태가 벌어졌습니다. 해당 과목의 담당 교수는 다시 문제를 만들고 학생들은 재시험을 치러야 했습니다.

어떤 사람은 코로나 확진을 받은 뒤 고립된 생활의 연속으로 우울장애가 생겼습니다. 또 어떤 사람은 코로나19에 걸리지는 않았지만 과도한 불안이 장기화되면서 신체 건강에까지 영향을 받았습니다. 끝을 알 수 없는 위험에 노출되다 보니 몇몇 지역이나 단체의 무더기 감염 소식이 들리면 화를 내는 사람도 많았습니다.

그렇게 힘들게 팬데믹에 적응하는가 싶었는데, 이제는 엔데믹에 적응하라고 합니다. 우리는 또 한 번의 변화에 어떻게 대응해야 할까요? 여전히 스트레스를 받으며 불안한 채로 변화를 맞닥뜨려야 할까요?

모든 변화에는
부정적인 감정이 따른다

코로나19로 생긴 변화가 좋은 방향인 경우는 드물 것입니다. 간혹 연이은 회식으로 괴로웠던 사람이나 출퇴근길이 피곤했던 사람들은 재택근무로의 전환이 반가웠겠지만, 모임에서 얻는 친밀감과 재미를 인생의 낙으로 살아온 사람에게는 이 변화가 괴로웠을 것입니다. 가족이 화목하지는 못했지만 견딜 만한 수준이었는데 함께 있는 시간이 늘다 보니 참을 수 없는 지경이 된 경우도 있습니다. 영업 제한으로 경제적 손실을 크게 입은 소상공인들은 돈 문제만 해도 눈앞이 캄캄할 지경인데, 그로 인해 다양한 문제가 따라오니 스트레스가 극심할 수밖에 없었습니다.

개인의 성취, 입학, 졸업, 거주의 변화 등 다양한 삶의 변화는 모두 스트레스를 유발할 수 있습니다. 1967년에 실시한 미국인의 스트레스 연구에서 배우자의 사망, 이혼, 별거, 감옥살이, 가족의 사망과 같은 일들이 예상과 다르지 않게 높은 순위를 기록했습니다. 여기에는 결혼한 지 얼마 되지 않은 사람들도 포함되었는데, 의외로 해고를 당하거나 은퇴한 사람들보다 그들의 스트레스 지수가 더 높았습니다. 서로 좋아서 같이 살기로 한 사람들도 같은 공간에서 긴 시간을 함께 보내다 보면 스트레스를 겪는 것이죠.

사람의 뇌는 기쁨을 누리는 것보다는 위험과 손실에 예민하도록 설계되어 있습니다. 그래서 더 넓은 아파트로 이사 가길 손꼽아 기다리던 가정주부가 원하던 것을 얻고도 힘들다고 말하는 것은 자연스러운 일입니다. 더 큰 집이라는 기쁨보다는 큰 집을 얻고 나서 늘어난 집안일과 부채에 신경이 많이 쓰이니까요. 모든 변화에는 부정적인 감정이 뒤따라올 수 있습니다.

코로나19가 알려준
변화에 대처하는 자세

예측하지 못한 변화가 찾아왔을 때 지나친 긍정이나 부정은 적응하는 데 도움이 되지 않습니다. 8년간의 베트남전 포로생활을 견뎌낸 한 중령의 이야기를 들어볼까요? 제임스 스톡데일 James Stockdale은 언젠가 고국으로 돌아갈 수 있다는 믿음을 잃지 않은 결과 힘든 포로생활을 버틸 수 있었다고 합니다. 그런데 사람들은 그가 긍정적인 생각을 하며 베트남전 포로생활을 견뎌냈을 것이라 생각했지만 그의 대답은 예상과 달랐습니다. 그는 오히려 금방 풀려날 것이라고 지나치게 긍적적인 기대를 한 사람들은 견뎌내지 못했다고 말했습니다. 그런 사람들은 포로생활이 길어질수록 반복되는 상실감에 지쳐 결국 죽고 말았다는 것이죠.

여러분도 코로나19 제1확산기에는 조금만 지나면 일상으로 돌아갈 수 있을 것이라는 기대를 가졌다가 다시 확진자가 늘어나는 추세에 거듭 실망했던 기억이 있을 겁니다. 전문가들이 코로나19가 단기간에 해결될 문제가 아니라고 아무리 이야기해도 귀담아듣지 않았죠. 변화가 다가올 때는 변화 그 자체를 있는 그대로 보려고 노력해야 합니다.

변화가 다가올 때마다 마음을 어떻게 다잡는 것이 좋을까요? 앞에서도 얘기했듯이 상황이 변하면 부정적인 감정이 생기는 것은 당연한 일입니다. 예컨대 여행을 하는 동안 처음에는 새로운 것을 경험한다는 사실에 흥미를 느끼지만 곧이어 '익숙하고 편안한 내 집으로 돌아가고 싶다'는 생각이 들 수 있습니다. 적당한 불안은 우리가 여행에서 너무 위험한 행동을 하지 않게 하고 사고를 예방하도록 도와주겠지만, 이때 불편한 면에만 집중한다면 여행 기분을 망칠 수 있습니다.

백곰 효과에 관해 들어본 적이 있나요? 사고 억제의 역설적 효과Ironic process theory라고도 불리는 이 심리학 현상은 하버드대학교의 사회심리학자 대니얼 웨그너Daniel Wegner가 진행한 실험에서 유래했습니다. 웨그너는 학생을 두 그룹으로 나눠 첫 번째 그룹에게는 백곰을 생각하라고 하고, 두 번째 그룹에게는 백곰을 생각하지 말라고 지시했습니다. 그다음 백곰이 떠오를 때마다 종을 치라고 했는데요, 백곰을 생각하지 않기로 한 두 번째 그룹이 종을 훨씬 더 많이 쳤다고 합니다.

이처럼 불편한 느낌이나 생각은 우리의 시선을 쉽게 잡아당깁니다. 인간의 뇌가 느낌이나 생각을 지우는 기능이 잘 발달하지 않았기 때문입니다. 우리가 자전거나 자동차를 처음 몰 때 '사고를 내면 어떻게 하나' 생각하면 오히려 사고를 피하기가 힘듭니다. 아이가 놀이터에서 넘어져 통증이 있을 정도로 상처가 났는데도 아랑곳하지 않고 신나게 뛰어놀다가 "애, 피난다"라는 말 한마디에 자신의 상처를 보고 놀라 우는 것도 마찬가지입니다. 이 감정을 없애려고 노력하면 할수록 더욱 커지지요.

변화에 적응하기 위해서는 어찌할 수 없는 것은 있는 그대로 받아들이면서 자연스럽게 그 생각과 느낌이 약해지도록 내버려두는 것이 더 도움이 됩니다. 인간은 대단히 복잡한 두뇌를 가지고 있지만, 한 번에 처리할 수 있는 정보의 양은 몹시 제한되어 있습니다. 컴퓨터로 치면 램 메모리가 매우 작은 것이죠. 그래서 생각을 어디로 집중할지 정하는 것이 감정을 다스리는 데 중요합니다. 여행 중 일출을 보러 가면서 '추운데 괜히 새벽부터 일어나서 나왔네'라는 생각이 든다면 '해 뜨는 광경을 꼭 보고 싶었으니까 좀 추워도 참아야지'라고 바꿔 생각해보세요. 여행의 풍경을 바꿀 수는 없지만, 주의를 돌려 '이 여행에서 나는 무엇을 느끼는지' '이 여행지에서 내가 얻을 수 있는 것은 무엇인지' '그렇다면 앞으로의 여행에서 나는 무엇을 해야 할지' 등 내게 중요한 가치에 집중한다면 여행이 즐거워질 것입니다.

엔데믹 시기를 맞이하여 시작된 대면 전환도 마찬가집니다. 출퇴근을 하느라 체력은 소모되지만, 화상회의로 인한 피로감과 비효율적인 의사소통이 줄어듭니다. 불편한 사람과 마주

2장. 나의 불완전함을 받아들이면 인생이 편해진다

치는 것이 신경 쓰이겠지만 만나서 즐거운 사람도 있을 거예요. 스트레스를 일으키는 요소들보다 나에게 가치 있는 것을 발견하고 거기에 우선순위를 두면 변화를 받아들이기가 한결 수월해집니다. 유명 맛집 앞에서 줄을 서듯, 나에게 더 중요한 가치를 위해 상대적으로 작은 불편은 기꺼이 감수하는 것이지요.

스톡데일 패러독스처럼 내가 통제할 수 없는 것에 대해서는 한계를 인정하고 할 수 있는 것을 찾아야 합니다. 바뀐 현실에 적응하면서 더 나은 미래를 준비하는 합리적 낙관주의가 도움이 되는 것이지요. 기존에 통용되던 방식이 통하지 않게 만드는 것이 바로 변화입니다. 변화 그 자체를 받아들이고 언제든지 바뀔 수 있다는 마음을 가져야 예상하지 못한 변화에도 흔들리지 않을 수 있습니다.

정신건강의학과
전문의가 권하는
유연함의 기술

어떤 변화가 오더라도 나에게 변함없이 중요한 것은
무엇인가요? 그것을 위해 변화 그 자체를 있는 그대로
보려 노력하고, 작은 불편은 기꺼이 감수하는 것이 인생입니다.

왜 나이가 들어도 인생에
익숙해지지 않을까?

대학평가에 반영되기 시작하면서 대부분의 대학교가 상담 심리사로 구성된 학생상담센터를 꾸렸습니다. 그런데 규모가 큰 상담센터를 가지고 있더라도 워낙 수요가 많아 상담을 받으려면 몇 개월을 대기해야 하고, 일부 대학교의 경우에는 대기 기간이 1년에 이르는 것이 현실입니다.

현재 한국에서 정신건강의학과 전문의가 진료를 제공하는 대학교는 서울대학교, 카이스트, 유니스트가 전부입니다. 제가 있는 유니스트도 되도록 많은 학생에게 상담과 진료를 제공하려 노력하지만 쉽지 않습니다. 4년 만에 이용자 수가 두 배로 늘어났으니까요. 강의를 하면서 혼자 진료를 하는 저로서는 첫 8주만 진료를 제공하고 전문가의 도움이 좀 더 필요하다고 판단되는 환자에게는 외부 병원에 가도록 안내합니다. 그런데도 대기가 길어져 교내 진료를 포기하는 경우도 생깁니다.

1만 1,000명가량의 학생이 다니는 미국 매사추세츠공과대학교MIT에는 열두 명의 정신건강의학과 전문의를 포함한 서른네 명의 관련 전문가들이 상담센터를 운영하고 있으며 매년 전교생의 21퍼센트가 도움을 받는다고 합니다. MIT가 처음부터 이랬던 것은 아닙니다. 2000년 한국계 여학생 엘리자베스 신의 자살과 같은 심각한 사건이 점차 늘어난 것이 계기가 되었죠. 엘리자베스 신은 고교 시절 전교 1등을 놓친 적이 없고, 카네기홀에서 연주회를 가질 정도로 겉으로는 완벽한 모범생이었습니다. 하지만 속내를 들여다보면 고등학교 시절부터 손목을 그었고, 1998년 MIT에 입학하면서 약물 과다복용을 반복했다고 합니다. 대학교 교직원에게 '우울장애를 겪고 있으며 자살하고 싶다'는 내용의 메일을 여러 번 보냈을 정도로 증상이 심각했죠. 결국 몇 번의 시도 끝에 그녀는 목숨을 끊었습니다. 부모를 실망시킨 적이 없는 아이의 부모는 학생의 정신건강을 관리하지 않았다며 MIT를 상대로 거액의 소송을 제기했습니다. 이와 비슷한 일들이 잇달아 발생하자 MIT는 학생들의 정신건강 증진을 위해 노력했고, 그 결과 지금의 환경이 만들어졌습니다.

대학교만 가면
알아서 되지 않는다

한국의 많은 가정에서는 아이가 어느 대학교에 입학할 수 있는지를 중요하게 생각합니다. 드라마 〈SKY캐슬〉의 흥행에는 이러한 공감대가 밑바탕에 깔려 있습니다. 대부분의 청소년은 같은 반 또는 학원에서 매일 보는 아이들과 자연스럽게 친해지고, 학교와 학원의 시간표에 맞춰 지식을 습득해 시험을 보고, 성적에 맞춰 갈 수 있는 대학교를 선택해 대학생이 됩니다. 이 과정을 잘 견뎌내는 것만으로도 대견한 일입니다. 학생들은 지긋지긋한 입시만 끝나면 그동안 못했던 일을 맘껏 할 수 있으리라는 희망으로 한껏 기대에 부풉니다. 공부하고 싶은 과목을 마음대로 선택하고, 동아리에서 다양한 사람을 만나고, 배낭여행이나 공모전 같은 새로운 경험을 할 수 있을 거라고 말입니다.

그런데 막상 대학생이 되고 나면 하나하나가 모두 힘듭니다. 부모 입장에서는 '대학교만 잘 보내면 알아서 잘하겠지' 생각할 수 있겠지만 현실은 기대와 전혀 다릅니다. 비슷한 성적으로 대학교에 입학한 친구들 사이에서 좋은 성적을 받기란 쉬운 일이 아닙니다. 그렇다 보니 친구들과 비교하며 혼자 뒤처지는 것 같아 끙끙 앓기도 합니다. 성적이 좋은 친구의 학점이 부럽고, 학점이 낮아도 마음이 편한 부잣집 친구가 부럽습니다. 졸업 후의 진로가 잘 그려지지 않다 보니 전공이 내게 맞는지 끊임없이 고민이 됩니다. 재수를 하겠다고 해서 부모와 갈등을 빚기도 하지요. 차라리 수능처럼 획일화된 시험의 총점을 높이는 것이 이런 고민에 휩싸이는 것보다 더 편해 보이기까지 합니다.

마음 맞는 친구라도 있으면 좋겠지만, 이것 또한 만만치 않습니다. 오리엔테이션에서 자기 소개를 잘할 수 있을지 걱정하며 가슴이 두근거리는 정도는 귀여운 고민입니다. 조별 과제를 할 때 역할을 어떻게 나눠야 할지, 머리 아픈 리더의 역할을 피할 수 있을지, 누구와 점심을 먹어야 할지 모든 인간관계가 고민입니다. 장학금을 타려면 조별 점수가 어느 정도는 나와줘야하는데, 협조하지 않는 팀원이라도 생기면 스트레스가 이만저만이 아닙니다. 차라리 시험공부 스트레스가 더 나을 정도지요. 선후배, 동기, 룸메이트 등 복잡한 관계들 사이에서 갈등이 해결되지 않으면 인간관계에 회의가 듭니다. 꿈꾸던 캠퍼스에서의 연애는 이미 인간관계에 질려서 버킷리스트에서 지워집니다. 아니면 연애를 하다가 헤어지는 과정에서 마음의 상처가 너무 커서 다음 연애는 엄두를 못 내기도 합니다. 기숙사에서의 공동생활로 불면증이 생긴다면 몸까지 힘듭니다.

가정을 꾸리거나 사회에서 자신의 자리를 만들어가는 인생

선배들 눈에는 이 모든 것이 반드시 필요한 통과의례입니다. 그러니 요즘 청년들은 너무 나약하다는 말이 나옵니다. 하지만 정신건강의학과를 방문하는 가장 흔한 이유인 우울과 불안은 원래 20대에 가장 많이 나타납니다. 부모 세대도 대답하기 쉽지 않은 '나는 어떻게 살고 싶은가?'라는 질문에 인생의 경험이 부족한 20대가 유연성을 발휘하기 힘든 것은 당연하니까요. 이러한 차이를 인식하지 못하고 20대들을 내몰수록 그 결과는 처참합니다. 건강보험심사평가원에서 2012년과 2018년 세대별 우울장애 환자 수의 변화를 비교해보니, 50대는 2.4퍼센트 증가한 데 비해 20대는 86.5퍼센트 증가했습니다. 10대 39퍼센트, 30대 24.9퍼센트 증가한 것과 비교해봐도 매우 큰 증가입니다. 부모 세대가 경험하지 못한 일들이 생길 정도로 복잡해져만 가는 사회에서 20대가 겪는 어려움을 단순히 '적응의 문제'로 보아서는 안 됩니다.

대학생 자녀를 둔
부모에게

청년들의 심리문제 해결을 위한 한국사회의 역량은 부족해

보입니다. 2018년 여름에 건강보험공단은 상담에 대해 개인 부담을 줄이고 병의원이 더 큰 이득을 얻도록 보험수가를 조정했습니다. 단순히 약물 투약이 아닌 충분한 상담을 원하는 국민들의 요구를 반영한 것입니다. 그러나 20대 초반 청년들이 가장 손쉽게 접근할 수 있는 대학교 캠퍼스 부속의원은 대기업과 동일한 취급을 받아 이 지원을 받지 못합니다. 부모가 낸 보험료로 자녀들이 혜택을 받지 못하는 것입니다. 이 상황에서 대학교는 교육과 연구에 투자해야 하는 자원을 부속의원과 나눠 쓰는 어려운 결정을 해야 합니다.

한국사회는 국가의 발전과 관련하여 점수화할 수 있는 영역에만 집중하다 보니 친구를 사귀고, 동료와 잘 지내고, 나와 맞지 않는 사람과 공존하는 등 인생을 잘 살아가기 위한 기술을 등한시했습니다. 함께 일할 직원이나 평생을 함께해야 할 배우자를 출신 학교로 선택하다니 아이러니하지 않나요? 학벌이 중요해지고 경제발전에 대한 열망이 강해지면서 한국사회는 대학생들에게서 정체성을 찾고 대인관계를 다양하게 경험할 시간을 앗아가고 있습니다. 앞으로 사회의 양극화가 심화될수록 후대의 청년들은 이러한 딜레마에 더욱 가혹하게 빠질 것입니다.

출산 후 아기 키우는 법을 공부했던 것처럼 그리고 사춘기 자녀를 대하는 법을 고민했던 것처럼 대학생 자녀에게도 관심을 기울여주세요. 주민등록증이 나왔다고 해서 알아서 모든 일을 처리할 수 있는 능력을 얻는 것이 아닙니다. 20대는 빨래, 청소, 용돈 관리부터 진로와 대인관계에 대한 고민까지 진정한 성인이 되기 위해 이제 막 하나씩 알아나가는 단계입니다. 스스로 잘 해낼 수 있을지 긴장하고, 생각한 대로 잘 풀리지 않아 좌절하는 시기입니다. 인생에서 가장 많은 스트레스를 겪는 시기임을 인정해주세요. 대학생이 되었으니 학점에 조금만 신경 쓰면 하고 싶은 일 맘껏 할 수 있지 않느냐고 하는 것은 잘못된 생각입니다. 열이 나는 어린 자녀를 안고 응급실로 달려갔듯이, 대학생 자녀가 불안, 우울 등을 과도하게 겪으며 힘들어한다면 손을 내밀어 전문가의 도움을 받을 수 있도록 안내해주길 바랍니다.

정신건강의학과
전문의가 권하는
유연함의 기술

인생에서 나이를 먹었다거나 시간이 흘렀다는 이유만으로
익숙해지는 일은 없습니다. 특히 '나는 어떻게 살고 싶은가?'
라는 질문에 답을 내리지 못한 채 사회에 첫발을 내디딜 때는
모든 것이 어려운 게 당연합니다.

우리가 인공지능에게서 배워야 할 것

대부분의 대학교가 코로나19로 비대면 수업을 하면서 많은 학부생이 캠퍼스 대신 집에서 생활하게 되었습니다. 이로 인해 항상 붐비던 교내 상담센터에 작은 여유가 생기길 바랐지만 상담 대기 기간은 줄어들지 않았습니다. 학업과 진로에 대해 고민하는 학생들이 늘었기 때문입니다. '친구와의 갈등'처럼 사람을 만나야 생길 수 있는 고민은 비대면 수업이 시작되면서 줄어든 대신, 방문자의 60퍼센트 이상이 '이 일이 내게 맞는 걸까?'라는 무거운 주제로 고민하고 있었습니다.

이런 고민을 안고 상담센터를 찾은 학생들의 기능 장애 여부를 평가하기 위해 저는 '일과 학교' '사회생활' '가정생활 및 가사일' 세 영역을 평가합니다. 직장이나 학교에서 평소처럼 일을 할 수 있는지, 대인관계나 여가생활에 지장이 있는지, 집에서의 생활은 어떤지 확인하는 것이죠. 대부분의 사람은 세 영역이 서로 영향을 주고받습니다. 예를 들어 동료와의 갈등으로 일이 손에 잡히지 않다 보니 집에서도 짜증을 많이 내서 문제를 알게 되었다는 식이죠.

똑같이 성적이 떨어져도 밴드 활동에 빠져서 공부를 소홀히 했다는 학생은 치료의 대상으로 보기 어려울 수 있습니다. 하지만 딱히 재미를 느끼지도 못하면서 습관적으로 게임만 하거나 유튜브만 보는 자신이 한심해 보여 공부를 해야겠다는 생각은 드는데 책을 펼치기가 어렵다는 학생에게는 혹시 다른 정신적인 원인이 있는지 알아봅니다. 다음과 같은 주제로 대화를 나누면서 말이죠.

왜 공부만 잘하는 것이
위험한가?

"엄마가 시험만 잘 보면 앞날을 보장받고 행복해질 수 있다고 했는데 그렇지 않아요."

2장. 나의 불완전함을 받아들이면 인생이 편해진다

엄마한테 속은 겁니다. 만약 엄마도 성적이 좋지 않았다면 똑같이 속은 채로 살았을 수 있어요. 하지만 성적이 좋던 엄마라도 공부를 더 열심히 하면 좋았겠다는 생각에 저렇게 말했을 수 있죠. 학교성적은 뛰어나지 않았지만 돈을 많이 벌었거나 출세했거나 충분히 잘 살고 있는 친구들의 이야기를 알면서도요. 사실 엄마뿐 아니라 교사, 어른, 사회가 그렇게 계속 이야기하고 있습니다. '성적만 잘 나오면 인생은 알아서 풀린다'는 거짓 신화의 희생양들을 만들고 있는 셈이죠. 심지어 좋은 대학만 가면 예쁜 여학생, 멋진 남학생이 줄을 선다는 거짓말도 하고요. 여러분도 커오면서 시험성적이 무언가를 보장해주지 않는다는 것을 조금씩 느꼈을 겁니다. 어쩌면 지금의 고통을 잘 참아내기 위해 이런 거짓말을 믿으려고 했을지 모릅니다.

대학생들이 겪는 어려움은 첫 좌절을 겪는 시기와 관련됩니다. 학기가 시작되면 많은 학생이 이전만큼 평균 이상의 성적을 얻는 것이 쉽지 않다는 점에 좌절합니다. 또 원하는 동아리에 들어가지 못하거나 인턴십 탈락 통보를 받고 좌절하기도 합니다. 어떤 학생은 입학도 하기 전에 실패감을 호소합니다. 원하는 대학교가 아니라 차선으로 선택한 대학교에 들어오게 돼서 인생 계획이 모두 틀어졌다는 것입니다. 훌륭한 학점으로 학부를 마친 학생이 대학원 진학 후 연구실에 적응하는 데 어려움을 겪기도 합니다. 교과서에 나온 완성된 지식을 학습하는 것과는 전혀 다른 역량이 필요하기 때문이기도 하고, 학부 시절과 달리 사회인으로서 경험하는 인간관계가 어렵기 때문이기도 합니다.

성적이라는 기준으로 자신의 존재를 확인했던 학생들은 '무리에서 우수한 학생'이라는 느낌을 잃게 되면 성공과 멀어진다는 생각에 불안해집니다. 이 불안이 놀고 싶고 쉬고 싶은 마음을 억제해서 성적을 올리는 데 도움이 되기도 합니다. 그렇지만 이 방식으로는 열정을 가질 수 있는 분야를 찾고, 실패에도 지치지 않는 힘을 얻을 수 없습니다. 예를 들어 대학원생이 하는 연구는 기존의 지식을 잘 흡수했는지 확인하는 지필고사와 달리 기존에 밝혀지지 않은 것을 찾아가는 모험이기 때문에 실패 없이는 성공할 수 없습니다. 그런데 논문이 등재되지 않았다고 해서 또는 좋은 평가를 받지 못했다고 해서 좌절하고 불안해한다면 자신이 중심을 잡고 이끌어야 할 연구가 방향을 잃기 십상입니다.

입학시험의 점수가 좋다는 것은 그저 자신이 원하는 분야의 출발선에 설 기회를 얻었음을 의미할 뿐입니다. 축구 유망주가 입단 테스트 성적이 좋은 만큼 훌륭한 선수가 될지는 알 수 없는 것처럼 말이죠. 성적이라는 숫자는 목표로 잡는 것이 아니라 내

2장. 나의 불완전함을 받아들이면 인생이 편해진다

방향성을 확인하는 수단으로 활용해야 합니다. 그리고 결과가 아닌 성장하려는 노력에 초점을 맞추고 스스로를 칭찬할 줄 알아야 합니다.

인공지능에게서
배울 것

"어떻게 해야 잘 사는 것인지 모르겠어요."

네, 그 고민을 열심히 해야 합니다. 원래 인간은 끊임없이 자신이 잘 살고 있는지 질문하고, 그러면서 고통을 받아요. 인생은 과목 점수의 총합으로 등수가 정해지는 것이 아닙니다. 대학원생을 선발하는 교수만 해도 학점은 좋지만 연구주제에 대한 고민이 없는 학생보다 상대적으로 학점이 떨어지더라도 자기 자신과 연구주제에 대해 충분한 고민과 경험이 있는 학생을 선호합니다. 젊은이들은 부모와 교육 시스템이 만들어놓은 '석차 불안'에 따른 압박감을 견디며 '스펙'을 하나씩 하나씩 채워가다 보면 자연스럽게 인생이 완성될 거라 착각합니다. 안타깝게도 학점, 토익 점수 같은 것들은 내가 원하는 분야에서 경험을 쌓아갈 기회를 주는 입장권일 뿐 내가 그 일을 잘 해낼지, 그 일을 즐겁게 할지 등은 전혀 알려주지 않습니다.

내가 무엇을 좋아하고 싫어하는지 알기 위해서는 비효율적인 경험을 해야 합니다. 진로나 대인관계뿐만 아니라 인생을 어떻게 살아갈지 같은 복잡한 목표를 실패 없이 달성하기란 불가능합니다. 그래서 우리는 목표한 것을 실행에 옮기고 그 결과를 복기하며 배워야 합니다. 인공지능의 강화학습reinforcement learning과 다를 것이 없습니다. 인공지능은 반복 학습을 통해 배웁니다. 사람은 인공지능에게 개와 고양이를 구분하는 방법을 가르치기 위해 수천만 장의 사진을 보여주며 개인지 고양이인지 맞히라고 합니다. 그리고 맞혔을 때는 보상을 주지요. 그렇게 인공지능은 지속적으로 보상을 받는 방향으로 학습해갑니다. 인간도 이처럼 자신에게 유익한 방향으로 결과를 복기한다면 마침내 목표에 다다르게 마련입니다.

독립된 주체가 된다는 것은 죽음에 이르기까지 무엇을 이루고 싶고, 어떤 사람들과 함께하고 싶은지에 대한 답을 얻기 위해 실험을 반복해갈 준비가 되었다는 것입니다. 수십 년의 인생 여정에서 나의 에너지, 돈, 시간, 인간관계 등이 파산 상태에 이르지 않으면서 말이죠. 곧바로 점수로 연결되지는 않지만 재미있어 보이는 분야를 더 공부해보고, 그 분야의 선배들을 만나 이야기를 들어보고, 기회가 되면 직접 경험해보는 것이 좋습니다. 점수를 올려주는 공부와 달리 시간과 에너지를 투자한 이런 경험은 간혹 실패로 끝나기도 합니다. 나와 잘 맞을 거라 생각했던 분야가 전혀 안 맞을 수도 있으니까요. 최적화된 족집게 방식으로 최대의 효과를 내는 교육에 익숙해진 부모라면 반대할 방식이지만, 학생에게 최적화된 진로를 알려주는 알고리즘은 아직 없습니다. 그래서 젊을 때 사서 고생한다는 말이 있는지도 모릅니다.

실패를 하더라도
멈추지 않기

"뭔가 열심히 하고 싶은데 뭘 해야 할지 모르겠어요."

'잘하고 싶다' '뛰어나고 싶다'라는 욕구가 있다는 것은 하고 싶은 일이 아무것도 없는 상황보다 좋은 징조입니다. '열정적으로 살고 싶다'라는 것은 적어도 바로 앞의 질문에서 '어떻게'에 해당하는 부분은 정한 것이니까요.

제가 있는 학교의 학생들은 전공이 정해지지 않은 1학년 때 더 많은 경험을 하면 확실하게 자신의 길이 보일 거라고 착각하곤 합니다. 하지만 1년이 지나면 잘 모르겠다고 불안해하죠. 이것도 20대에는 당연히 겪을 수 있는 일입니다. 사실 그 정도가 줄어들 뿐 나이가 들어도 이 고민은 계속됩니다. 지금의 저도 마찬가지예요. 미국의 심리학자 에릭 에릭슨Erick Erickson은 인간은 영아기부터 노년기까지 끊임없이 위기에 직면하고 이를 극복하며 '나는 누구인지' '나는 무엇이 될 수 있는지' '나는 삶에 만족할 수 있는지'와 관련해 답을 찾는다고 했습니다.

"어디에도 흥미를 느끼지 못하고 앞으로 무얼 하며 살아야 할지 모르겠어요"라며 상담센터를 찾은 학생에게도 같은 대답을 해주었습니다. 이 학생은 크게 문제가 없어 보였습니다. 하지만 이야기를 들어보니 고민의 밑바탕에는 모범적인 부모만큼 못 살 것 같다는 두려움이 있었죠. 인생을 사는 데 초보자인 우리에게는 지극히 자연스러운 감정입니다. 이 두려움에서 생겨나는 압박감을 줄여줘야 비로소 삶의 전진이 가능해집니다. 그러기 위해서는 많은 것을 경험하고 자신이 무얼 좋아하는지, 무얼 해야 기분이 좋아지는지 깨달아야 합니다. 실제로 8주 동안 자신의 모습을 살펴본 것만으로도 이 학생은 삶의 의욕을 조금 되찾았습니다.

사람들은 내가 선택하지 않은 것이 나한테 더 좋은 것이었으면 어쩌나 불안해합니다. 제 대답은 100퍼센트 확실한 답을 기다리지 말라는 것입니다. 1퍼센트라도 더 끌리는 것이 있으면 열심히 해보고 그다음에 판단해도 늦지 않습니다. 완벽한 결정을 기다리면 마음이 더 불안해집니다. 조금이라도 더 좋아 보이는 일부터 시작해보세요. 그리고 예상과 다르다고 실망하지 마세요. 결과가 아니라 노력에 칭찬하면 조금 좋지 않은 결과가 나오더라도 계속 시도하고 집중을 유지할 수 있고, 어느샌가 목표에 다다를 수 있습니다. 초반에는 실패를 반복하지만 학습을 멈추지 않는 인공지능처럼요.

정신건강의학과
전문의가 권하는
유연함의 기술

모두에게 최적화된 인생 알고리즘 따위는 없습니다.

나를 알고 인생을 살아가기 위해서는 비효율적이지만

수많은 경험을 통해 자신만의 알고리즘을

설계해나가야 합니다.

나의 예민함을 인정하는 순간,
인생이 관리된다

저는 소리에 예민한 편입니다. 제 아이가 어릴 때 엘리베이터 안에서 귀를 막기에 물어보니 시끄러워서 그랬다고 합니다. 소리에 예민한 것도 유전이 되는가 봅니다. 아이는 초등학교에 들어갈 즈음부터 귀를 막지 않고도 엘리베이터를 잘 탑니다. 성장하면서 생긴 변화일 수도 있고 같은 자극에 지속적으로 노출되면서 익숙해졌을 수도 있습니다.

어른인 저는 엘리베이터 소음 정도는 크게 거슬리지 않지만 기숙사, 기차, 비행기에서 들리는 사람들의 말소리에는 예민한 편입니다. 그래서 항상 가방에 작은 귀마개를 넣고 다닙니다. 예민한 청각에 비해 후각과 미각은 둔한 편입니다. 그래서인지 고급 음식의 특별함을 잘 알아차리지 못합니다. 미각이 둔하다

보니 맛있는 음식에 대한 열정이 생기지 않고 요리도 잘 못합니다. 특별한 손님과 식사를 하려면 맛집 후기를 읽고 메뉴를 추천받아 대접하는 수밖에 없습니다.

예민한 사람이
유연함을 잃어버렸을 때

소리와 맛보다 복잡한 사람과 관련된 자극은 어떨까요? 상대의 표정에 예민한 사람을 생각해봅시다. 내 이야기를 듣는 친구의 표정에서 미묘하게 어두운 느낌을 알아챘다고 해봅시다. 둔감한 사람이라면 같은 상황에서 서로 웃었고 정보를 나눴으니 좋은 대화였다고 넘어갈지 모릅니다. 예민한 사람은 혼자서 계속 고민하다 나와 어울리는 것이 재미없나 하고 걱정할 수도 있습니다. 친구에게 혹시 마음에 걸리는 대화가 있었던 것은 아닌지 걱정이 된다며 문자를 보낼 수도 있습니다. 그때 친구로부터 다른 일이 떠올라서 그랬다며 걱정해줘서 고맙다는 답장을 받을 수도 있고, 단순히 별일 아니니 신경 쓰지 않아도 된다는 답장을 받을 수도 있습니다.

예민함 자체는 문제가 아닙니다. 다양한 상황에서 일이 잘

　　　　　　2장. 나의 불완전함을 받아들이면 인생이 편해진다

풀리기를 바라고, 사람들 앞에 약점이 드러나는 것을 싫어하고, 지적을 받으면 상처받고, 심하면 자신이 쓸모없어졌다고 느끼는 것은 누구나 경험할 수 있는 일이니까요. 문제는 강도와 빈도입니다. 상대의 어두운 표정이 자신 때문이라고 생각해 상대가 괜찮다는 답장을 보내도 반복해서 물어보고 오히려 상대를 귀찮게 만들거나 스스로를 탓하는 등 자신에게 괴로운 결과로 이어지는 행동을 한다면 그것은 '지나친 예민함'입니다. 예민함을 어떻게 다루느냐에 따라 나에게는 득이 될 수도, 독이 될 수도 있습니다.

나는 언제 어떤 상황에서
예민해지는가?

예민함은 어떻게 더 심해질까요? 성장 과정에서는 타인의 시선에 예민했지만 사회생활 경험이 쌓여가면서 해소되는 경우도 있고, 반대로 오랜 기간 성격으로 고착된 경우도 있습니다. 평소에는 괜찮았는데 우울감에 빠지면서 예민해질 수도 있습니다. 불안정한 양육환경에 있는 어린이는 신체적 원인 없이 배가 아프기도 합니다.

이 문제를 해결하는 출발점은 언제 어떤 상황에서 예민해지는지 아는 것입니다. 만약 특정한 사람과의 관계에서만 예민해진다면 관계 문제를 배워볼 수도 있습니다. 연인이나 부부가 되어 힘들다면 그 관계에 대해 배워보는 것처럼 말이죠. 자주 반복되는 걱정으로 예민해진다면 전문적인 치료가 필요할지도 모릅니다. 예전에는 괜찮았는데 쉽게 우울해지면서 예민해진다면 우울장애에 빠졌을 수도 있습니다. 사람들은 자신이 취약해졌던 방식을 자주 반복하기 십상이므로 많이 힘들다면 그 원인을 알아보는 것이 도움이 됩니다.

너무 많은 자극으로 힘들다면 자극의 양을 조절해볼 수도 있습니다. 이를테면 낯선 사람을 만날 때 예민해진다면 꼭 필요하지 않은 모임은 빠지고, 친밀하고 편한 사람 위주의 모임에만 참석할 수도 있습니다. 그렇지만 은둔형 외톨이가 되는 것은 추천하지 않습니다. 관계를 단절하면 다시 사람을 만나는 것이 더욱 힘들어지기 때문입니다. 직장생활을 하기가 힘들 정도로 예민해졌다면 일의 양을 줄이거나 병가를 내어 치료를 받아보는 것도 좋은 방법입니다. 무리해서 큰 사고가 난다면 더 힘들어질 수 있으니까요.

원인이 무엇이든 내게 예민해지는 부분이 있다고 해서 내가 열등한 사람은 아니라는 사실을 명심해야 합니다. 오히려 예민함을 조절하는 능력을 키워 어려움을 극복한다면 인생이 더 풍성해질 수도 있습니다. 맛에 특히 예민한 사람이 맛없는 음식을 먹지 못해 직접 맛있는 요리를 만들어 소중한 사람들에게 대접하는 것처럼 인간에 대한 예민함을 장점으로 발전시켜 상대를 더 배려하는 부모, 선배, 동료, 친구, 연인, 배우자가 될 수 있습니다. 자신이 예민해지는 부분은 아직 발견하지 못한 나의 장점일 수 있습니다.

정신건강의학과
전문의가 권하는
유연함의 기술

나는 언제 어떤 상황에서 예민해지나요?

그것을 아는 것이 예민함을 조절하고 인생을 관리하는

출발점입니다.

숙면을 위한 유연함의 과학

정신건강 문제는 환자 본인이 자신의 문제를 얼마나 정확하게 인식하고 있는지에 따라 진단과 처방이 달라집니다. 환청을 듣는 조현병 환자는 낮에 비어 있는 윗집을 향해 층간소음에 항의하다가 싸움을 일으킬 수 있습니다. 자신감 넘치는 조중 환자는 전혀 경험이 없는 분야에서 자신만의 특출난 능력이 있다고 확신하고 직장 상사에게 얼토당토않은 기획안을 작성해 제출하기도 합니다. 치매 환자는 자신이 물건을 잃어버린 것이 아니라 도둑이 훔쳐갔다고 생각할 수 있습니다. 이처럼 자신에게 문제가 있다는 것을 인식하지 못하는 사람들에게는 주변의 도움이 필요합니다. 우울장애도 자살에 대한 생각으로 가득 차서 다른 어떤 방법도 생각해내지 못하는 상태라면 반드시 전문가의 도움을 받아야 합니다.

반대로 자신의 문제를 스스로 알고 노력하는 과정에서 더 나빠지는 일도 있습니다. 불면증primary insomnia이 대표적이죠. 잠자리에 눕기 전에 오늘은 꼭 잘 자겠다며 신경을 많이 쓰면 오히려 잠들기 힘들어집니다. 시계를 확인하고는 오늘도 많이 못 잤다며 걱정하면 다시 잠드는 데 시간이 더 걸립니다. 아침까지 몇 시간을 더 잘 수 있는지 계산하고 낮에 충분한 에너지를 낼 수 있을지 걱정하다 몸과 마음은 더 각성됩니다. 잘 자겠다고 신경을 쓴 것이 더 못 자게 만드는 셈이지요.

뇌와 몸을
회복하는 시간

성인은 7~8시간, 초등학생은 9~11시간의 수면이 권장됩니다. 노인이 되면 자연스럽게 수면이 1~2시간 정도 줄어듭니다. 유전적으로 더 짧거나 길게 자는 것이 적합한 사람도 있지만 평균적으로는 이렇습니다. 그런데 우리나라는 잠이 부족한 나라로 유명합니다. 한때 네 시간만 자고 공부해야 시험에 합격한다며 '4당5락'이라는 말이 있었을 정도입니다. 학업이나 업무로 인해 수면이 불규칙적일 수도 있지만, 자신만의 시간으로 고된 하루를 보상받아야 한다는 마음에 밤늦게까지 이것저것 하다가 동이 트는 것을 보는 사람도 많습니다. 여기에 스마트폰까지 유혹하니 잠은 더 쉽게 희생당합니다.

그래서일까요? 과도한 스트레스 때문에 잠을 자지 못하는 경우도 있겠지만, '잠을 참는다'는 표현이 생길 정도로 잠을 희생하는 것이 습관화된 사람들이 불면증을 호소하는 경우가 많습니다. 이런 경우 자고 싶을 때 잠이 오지 않는 자신 때문에 스트레스를 받지요. 또는 잠을 하루 여섯 시간 이하로 자면서 도중에 잠을 깨면 다시 잠들기 어려워한다거나 하룻밤 중 잠을 깨는 일이 5회 이상 또는 30분 이상 지속될 때도 다음 날 일상생활을 수행하는 데 피로를 느끼기 때문에 불면증이라고 봅니다.

정신건강을 지키는 데는 감정, 인지기능, 대인관계뿐 아니라 잘 자고 깨는 것을 통한 뇌의 에너지 관리가 중요합니다. 자는 동안 우리 몸은 성장과 회복을 촉진합니다. 잘 자야 키도 근육도 성장합니다. 뇌에서는 중요한 정보들을 더 오래 기억할 수 있도록 조직하고 불필요한 정보들을 지웁니다. 잠이 부족하면 몸이 피로해지고 짜증이 늘고 집중도 안 됩니다. 육체적으로나 정신적으로 피로한 상태에서는 사회생활을 잘할 수 없습니다. 하룻밤을 새운 상태로 운전을 하면 면허취소 수준의 음주운전자보다 조작 실수가 심해집니다. 시험 전에 하루 정도가 아니라 며칠 밤을 새운다면 잘 자고 집중해서 공부한 것보다 효율성이 떨어지는 것도 마찬가지 원리입니다.

잠이 망가지면 집중력 저하, 우울, 불안도 따라옵니다. 조현병, 조울증과 같은 중증 질환에서는 불면이 재발의 시작점이 되는 경우가 많아 주치의는 환자의 잠을 주의 깊게 확인합니다. 불면증은 신체질환의 원인이 되기도 합니다. 피로뿐 아니라 비만, 고혈압, 당뇨, 지방간, 심장질환의 원인이 되는 것입니다. 최근에는 수면 중에 뇌에서 치매 물질을 씻어낸다는 사실까지 밝혀졌습니다. 잠은 단순히 신체의 스위치가 꺼진 시간이 아니라 뇌와 몸의 건강을 회복하는 시간입니다.

생체시계에
적합한 생활

신체에는 24시간 리듬이 있습니다. 이 생체시계는 2017년에 노벨 생리의학상을 수상한 제프리 홀Jeffrey Hall, 마이클 로스배시Michael Rosbash, 마이클 영Michael Young이 밝혀냈습니다. 생체시계는 생명체가 24시간 주기에 맞춰 살아갈 수 있도록 행동과 생리작용을 조절하는 생체 시스템입니다. 뇌를 포함한 신체는 생체시계에 따라 변화합니다. 자고 깨는 것 외에도 밤에 체온이 떨어진다거나 밤낮에 따라 서로 다른 호르몬이 방출되는 등 신체의 모든 변화는 바로 이 생체시계에 따른 것입니다. 열대야가 잠을 방해하는 것도 이 때문입니다. 유전자 수준에서 조절되는 매우 정교한 시계죠.

그런데 생체시계는 썩 튼튼하지 못해서 약한 자극에도 영향을 받습니다. 온도, 식사, 출근 시간, 낮의 소음 등에도 영향을 받으며 특히 빛에 취약합니다. 기온이 오르고 밝아지면 깨어나 활동하고, 어둡고 서늘하고 조용해지면 잠을 자라고 권유하는 이유는 생체시계에 가장 적합한 생활이기 때문입니다. 만약 이 리듬이 무너진다면 어떻게 될까요? 하루만 생체시계에 역행하는 생활을 해도 시차가 큰 머나먼 지역에서 방금 도착한 것처럼 몸이 피곤해집니다. 주말이면 점심시간까지 늦잠을 자고 월요일에 일찍 일어나는데 월요병이 안 생길 수가 없지요. 그런데 현대인은 스마트폰으로 이 약한 생체시계를 계속 자극합니다. 깜깜한 밤에 전자기기에서 나오는 청색광을 눈에 쪼여 뇌에게 낮이니 각성하라는 신호를 보내면서요.

숙면을 위한
마음 내려놓기

인간은 스마트폰처럼 바로 켜지고 꺼지는 기계가 아닙니다. 부팅하는 데 제법 시간이 걸리는 옛날 컴퓨터에 가깝습니다. 아침에 눈이 번쩍 떠지지 않다가도 화장실에 갔다 와 물을 한 잔 마시면 정신이 맑아지는 것과 마찬가지로 밤에도 서서히 몸과 마음을 이완해야 잠자리에 누웠을 때 잠이 옵니다. 눕자마자 잠에 빠지는 것은 오히려 피로가 매우 쌓였다는 증거입니다. 잠이 드는 데 10~20분쯤 걸리는 것은 충분히 있는 일입니다.

잠자리에 들기 전에 마시는 술을 뜻하는 나이트캡nightcap이라는 단어가 있을 정도로 매일 소량의 알코올을 섭취하는 사람들이 있습니다. 이 습관이 좋지 않다는 것을 알지만 마셔야 잠을 잘 수 있다는 것이 이유지요. 사실 알코올이 몸을 이완시키면 잠이 드는 데 도움이 되기는 합니다. 그러나 자기 전 술의 힘을 빌리는 것은 술에 대한 의존도를 높이는 위험한 행동입니다. 취해서 잠들기를 반복하다가는 어느 순간부터 취하지 않으면 잠을 잘 수 없게 되기 때문입니다. 또한 알코올은 자는 동안 소변으로 빠져나갈 수분을 재흡수하는 항이뇨 호르몬 분비를 억제합니다. 그 결과 화장실에 가기 위해 잠에서 깨게 만드는 등 수면의 질을 낮추지요. 또한 알코올이 수면 중 체내 산소 공급을 방해해 코골이가 생기기도 합니다.

그러니 술보다는 숙면을 유도하는 습관들을 기르기 바랍니다. 이를 수면위생이라고 하지요.

1. 기상시간을 일정하게 유지하기

일정한 기상시간을 정해서 생체리듬을 잡아가야 합니다. 되도록 6~8시간의 수면을 유지할 것을 권장하지만 현대생활 속에서 지키기 어려울 때도 많으므로 본인에게 맞는 수면시간을 찾되 기상시간을 일정하게 유지해주세요. 태생적으로 저녁형 인간이 있기는 하지만, 밤늦게까지 유튜브를 보고 아침에 깨기 힘든 것은 잠을 미룬 결과입니다.

2. 잠자리에서는 잠만 자기

침대에서 놀이나 일 같은 각성 상태에서 하는 행동을 하면 뇌는 침대를 '활동 장소'로 인식합니다. 뇌가 침대를 '휴식 장소'로 인식하게 하려면 침대에서는 잠만 자도록 해야 합니다.

3. 낮잠은 최소화하기

낮잠을 자면 잠을 자야 할 시간에 잠이 들기 어렵습니다. 꼭 낮잠을 자야겠다면 30분 이내로 잠깐만 자야 합니다. 특히 늦은 저녁의 잠은 짧더라도 수면에 영향을 끼치니 주의해야 합니다.

4. 규칙적으로 운동을 하되 밤에 격한 운동은 삼가기

오전이나 이른 오후에 적절한 강도의 운동을 하면 수면에 도움이 되지만, 잠들기 두 시간 이내에 격한 운동을 하면 몸을 각성시켜 수면에 방해가 됩니다.

5. 잠들기 위한 환경과 마음 준비

침실은 어둡고 조용해야 합니다. 최대한 외부 자극을 줄이고 목욕, 잠옷 갈아입기, 짐 싸두기 등으로 하루를 마무리하세요. 갑자기 생각난 일이 있다면 종이에 적어두고 내일 아침에 하세요.

6. 수면 중 깨더라도 시간을 확인하지 않기

자다 깨서 시간을 확인하면 한밤중 깨어났다는 것에 기분이 나빠지거나 얼마나 더 잘 수 있는지 계산하는 데 뇌를 사용해 다시 잠들기 어렵습니다. 낮에는 시간을 정확하게 확인하면서 일하는 것이 좋겠지만, 밤에는 아침 알람이 울리기 전까지는 해가 뜨는지 안 뜨는지 정도로만 시간을 느슨하게 인식하는 것이 좋습니다. 다시 잠드는 것이 힘들면 애쓰지 말고 소파에서 눈을 감고 있거나 조용한 음악을 듣다가 졸리면 침대로 돌아옵니다.

7. 카페인, 니코틴, 알코올 피하기

카페인과 니코틴은 뇌를 각성시켜 수면을 방해합니다. 알코올은 당장은 잠이 올지 몰라도 빨리 깨게 만듭니다. 이러한 얕은 수면이 만성화되면 신체 및 정신 건강에도 영향을 줍니다.

기상시간을 지키고, 카페인 음료를 마시지 않거나 적어도 점심시간 이후에는 마시지 마세요. 자기 전에는 TV, 스마트폰 등 청색광을 멀리하고, 조용하고 어두우며 쾌적한 수면 환경을 만들어야 합니다. 밤에는 스트레칭 같은 이완 운동을 하세요. 또한 빛 자극뿐 아니라 부정적으로든 긍정적으로든 강한 감정적 자극은 평온하게 잠드는 것을 방해합니다.

운동에도 힘을 주고 빼야 할 때가 있는 것처럼 생체시계를 위해서도 마음 쓰기를 조절해야 합니다. 걱정을 내려놓고 '수면시간이 좀 모자라도 괜찮아' '잠이 안 오면 멍 때리다 출근하지, 뭐' 같이 마음을 이완해야 쉽게 잠들 수 있습니다.

수면 문제를 겪고 있다면 마음을 이완하는 것이
제일 중요합니다. 잠자리에 들기 전에 오늘은 꼭 잘 자겠다며
신경을 많이 쓰면 오히려 잠들기 힘들어집니다.
자다가 깨더라도 시간을 확인하지 않고, '수면 시간이 조금
모자라도 괜찮아'라고 생각할 수 있어야 합니다.

마음이 아파도 병원에 가야 한다

　요즘에는 길을 걷다가 정신건강의학과 의원 간판을 흔하게 볼 수 있습니다. 해당 의원을 찾는 사람들도 예전에 비해 확실히 늘어났습니다. 어떤 사람은 예약 전화를 하는 병원마다 진료 예약이 3개월은 차 있다는 이야기를 들었다고 합니다. 하지만 2019년 〈국민 정신건강 의식 및 태도 조사 결과 보고서〉 발표에 따르면 정신건강 문제를 가지고 있을 때 가족, 친구 등 주변 사람과 상담한 경우는 22퍼센트에 불과했습니다. 문제를 알고 나서 6개월 내에 치료를 받은 사람도 46.7퍼센트, 절반도 되지 않았죠.

　2021년에 서울대병원 공공보건의료진흥원에서 주최한 '시민사회 정신건강 증진과 편견의 해소, 사람들은 왜 정신과에 가지 않을까?'라는 주제의 심포지엄에서 사람들이 정신건강의학과 전문의를 찾지 않는 이유를 빅데이터로 분석해보았습니다. 10대는 대학입시, 20~30대는 취업, 30~40대는 보험 가입에 불이익을 받을까 봐 정신건강의학과에 가지 않는다는 분석 결과가 나왔죠. 이날 자격제한과 차별금지에 대한 법조항을 주제로 발표한 로스쿨 교수 역시 시험 스트레스로 힘들어하는 학생들에게 치료를 권하지만 공무원에 채용될 때 걸림돌이 될까 봐 가지 않는다고 아쉬워했습니다.

이러한 조사 결과들을 종합하면 한국 사람들은 정신적으로 힘들 때 상담을 받고 싶어하면서도 어디를 찾아야 할지, 상담이 정말 효과가 있을지, 정신건강의학과 진료 기록이 나의 미래를 방해하지 않을지 불안해합니다. 전문가의 도움을 받으며 쉽게 극복할 수 있다는 사실이 와닿지 않다 보니 오해부터 키워가는 것이죠. 마치 어르신들이 "이러다 말겠지"라며 병원에 가지 않는 것처럼요. 부모가 아프면 자식들이 등이라도 떠밀어 병원으로 데려가겠지만, 마음이 아프면 주변에 말하지도 못하니 더욱 병원에 가기 어려운 것 같습니다. 하지만 신체질환도 조기에 발견하면 치료 효과가 좋듯이, 마음도 적절한 시기에 치료를 받아야 예후가 좋습니다.

적기 치료의
중요성

2018년 12월 31일, 예약 없이 찾아온 마지막 환자를 진료하던 정신건강의학과 임세원 교수는 위험을 직감하고 몸을 피했습니다. 그러나 다른 사람들을 보호하려고 다시 나와 대피를 지시했고, 그러던 와중에 범인이 넘어진 임 교수를 올라타 흉기로 찔렀습니다. 시민들이 가족과 한 해를 마무리하는 저녁에 임세원 교수는 자신의 병원 응급실에서 사망했습니다.

임 교수는 우울장애 치료와 자살 예방에 평생을 바친 의사이자 한국형 자살예방교육 프로그램의 주요 개발자입니다. 그는 정신질환에 대한 편견을 바로잡기 위해 자신의 우울장애를 소재로 책을 쓰기도 했습니다. 저자의 자살 생각이 포함된 내용이라 주위의 걱정도 있었지만, 누구나 겪을 수 있는 문제임을 알리는 것이 무엇보다 중요했다고 합니다. 그는 직장인의 우울장애와 스트레스를 다루는 기업정신건강연구소 부소장으로 일하며 조직문화 개선과 같은 예방적 접근이 자살을 비롯한 심각한 문제를 해결할 수 있다고 강조했습니다. 또한 누구나 쉽게 치료받을 수 있는 사회를 만들고자 노력했습니다.

임 교수가 사망하고 며칠 뒤인 2019년 1월 2일, 유가족의 뜻이 전달되었습니다. 첫째, 안전한 치료 환경을 만드는 것. 둘째, 마음이 아픈 사람들이 편견과 차별 없이 쉽게 치료와 지원을 받을 수 있는 사회를 만드는 것. 그러고는 고인의 유지를 이어달라며 조의금을 기부했습니다. 유족들은 이렇게 자신의 아픔을 공개하면서까지 환자를 돕고자 했던 고인의 뜻을 기렸습니다. 어쩌면 유족은 위험한(?) 환자들을 사회 안전을 위해 격리하자는 위험한(!) 반응들을 보고 그런 결심을 했는지도 모르겠습니다.

'안전한 치료 환경'과 '편견과 차별 없이 누구나 쉽게 치료받을 수 있는 사회'는 사실 맞닿아 있습니다. 정신과 약을 먹는다는 이유로, 상담을 받는다는 이유로 차별한다면 누구도 선뜻 치료받으려 하지 않을 것입니다. 2016년 강남역 살인사건의 범인은 제대로 치료받지 않은 조현병 환자였습니다. 보도에 따르면 그는 자신이 일하는 식당의 여성 손님에게 위생이 불결하다는 지적을 받자 손님이 자신을 음해한 것으로 생각했다고 합니다. 출근길에는 여성들이 자신을 지각하게 하려고 천천히 걸었다는 생각도 했다더군요. 현실에 맞지 않는 생각과 망상에 의해 엉뚱한 여성을 살해한 것입니다. 임 교수를 살해한 범인 역시 조울증으로 보호병동 입원 치료를 받고 퇴원한 후 제대로 치료를 받지 않아 자신의 머리에 폭탄이 있다는 망상을 가진 상태였습니다.

전체 인구의 1퍼센트가 조현병을 겪습니다. 희소 질환이 아닌 것이죠. 게다가 망상은 조현병에서만 나타나는 것도 아닙니다. 흔한 정신질환인 우울장애에서도, 심지어 뇌출혈이나 뇌종양과 같은 신체질환에서도 망상이 나타날 수 있습니다. 전공의 시절 교통사고로 인한 뇌출혈 수술 환자를 담당한 적이 있는데, 이 환자는 출혈을 멈춘 뒤에도 잠을 못 자고 간헐적으로 성격과 판단력에 변화를 보여 정신건강의학과 보호병동에 입원해 있었습니다. 어느 날 오후 회진 중에 그 환자가 갑자기 눈빛이 변하며 저를 양손으로 잡아당기더니 집어던지려고 했습니다. 그는 유도 유단자였습니다. 병동이라 주변의 도움으로 간신히 위험을 피할 수 있었습니다. 다음 날 제정신으로 돌아온 환자는 어제 일이 전혀 기억나지 않는다며 정중히 사과했고 며칠 뒤 퇴원했습니다. 만약 그 환자가 적절한 치료를 받지 못했다면 어떤 일이 벌어졌을까요?

제 아이는 네 살 때부터 소아정신과에 다니고 있습니다. 말이 좀 늦어 언어치료를 시작했다가 여섯 살에 자폐스펙트럼장애로 진단을 받았습니다. 경계를 약간 넘은 정도라 치료를 열심히 받은 결과, 최근 검사에서는 자폐에서 벗어났다는 진단을 받았습니다. 만약 진단이 무서워 전문가의 도움을 피했다면 지금과 같은 결과를 얻지 못했을 것입니다.

저 역시 연애 때는 잘 맞았던 아내와 결혼을 앞두고 갈등이 심해지자 전공의들에게 부부치료를 가르쳐주는 선배를 찾기도 했습니다. 지금도 한두 달마다 부부상담을 받으며 더 좋은 가정을 만들기 위해 노력하고 있습니다. 40대가 되어서는 스스로 마음을 정리해보고자 정신분석가에게 분석상담을 받으며 제 삶의 방향을 틈틈이 점검하고 있습니다. 그 덕분에 계속 타인의 마음을 돌볼 수 있는 것 같습니다.

치료받을
용기를 낼 수 있게

사실 건강보험 혜택을 받더라도 청와대 경호원이나 국정원 요원 같은 특수 직업이 아니라면 자신의 의료기록을 직장에 제출할 의무는 없습니다. 대기업, 국책연구소, 대학교 등 큰 기관들이 당사자 모르게 조회하는 것도 불가능하지요. 민간보험도 이미 가입했다면 문제될 것이 없습니다. 가입할 예정인 경우 가입일 전부터 3~5년간 정신건강의학과 진료 기록이 없으면 되고, 있더라도 약물치료가 필요 없는 상담의 경우 상담용 Z코드로 기록이 남아 문제가 없습니다. 과거에 약물치료를 받아 정신건강의학과 질병코드인 F코드가 기록에 있더라도 보험사는 보험 가입을 거절할 수 없으며 보험사가 거절하는 경우에는 감독기관에 진정할 수 있습니다.

이러한 혼란은 모두 법 명칭에서 시작된 것이 아닐까 싶습니다. 정신건강복지법에는 정신질환자를 "망상, 환각, 사고思考나 기분의 장애 등으로 인하여 독립적으로 일상생활을 영위하는 데 중대한 제약이 있는 사람을 말한다"라고 정의하고 있습니다. 일상생활이 불가능할 정도라 하니 의료인, 아이돌보미를 비롯해서 가축인공수정사 등 몇몇 직업에 취업 제한을 두는 것은 한편으로 이해가 됩니다. 그렇다면 행정공무원 채용 신체검사서에 들어 있는 '정신질환' 항목에 대해서도 일상생활이 불가능한 정도의 질환에 대해서만 묻는다고 이해하면 될까요? '안질환'에 근시로 안경을 쓴다고 적지 않고, '피부질환'에 여드름을 적지 않는 것처럼 말이죠. 불안하고 잠을 잘 못 자지만 혼자 씻고 밥 챙겨 먹을 수 있는 정도면 적지 않아도 되는 것일까요? 실제로 제 상담센터에서 상담받은 학생이 100명이라면 법에서 말하는 일상생활이 불가능하다고 판단되는 정신질환자는 한 명 정도에 불과합니다.

2021년 3월 국가인권위원회는 법무부장관에게 검사 채용신원진술서에 정신질환 전력에 관한 문항을 삭제하도록 권고했고 법무부는 이를 받아들였습니다. 로스쿨 재학생이 "지원자는 정신질환 등 정신건강상 이유로 의료기관의 진료를 받거나 상담받은 사실이 있습니까?"라는 항목에 대해 국가인권위원회에 진정을 제기했거든요. 이 학생은 스트레스로 정신건강의학과 치료를 받고 싶지만 임용에 불이익을 받을까 봐 치료받을 수 없었다고 합니다. 국가인권위원회는 선발에 불이익을 줄 수 있고, 질문이 추상적이며, 현재가 아닌 과거의 일까지 조사하는 것은 지나치다고 지적했습니다.

운동선수에게 정형외과나 재활의학과 방문 경험을 묻는 것은 어떨까요? 장기적으로 영향을 끼칠 부상 이력이 아니라면 오히려 몸 관리를 잘하는 선수로 평가되지 않을까 생각해봅니다. 진료나 상담 경험이 있다는 것만으로는 업무를 수행하는 데 적합하지 않다는 근거가 되지 않습니다. 자기중심적이고 반사회적인 동료나 상사 때문에 피해를 입고 힘들어하는 사람이 있다고 합시다. 둘 중에 누가 정신건강의학과를 찾을까요? 피해를 받은 사람입니다. 만약 회사에서 정신건강의학과에서 진료받은 사실을 빌미로 채용 및 평가에 불이익을 준다면 피해자가 또다시 피해를 받는 것은 불 보듯 뻔합니다.

주어진 일을 꾸역꾸역 하면서도 자존감이 바닥을 쳤던 학생이 있습니다. 그 학생은 저를 찾아오고 한 달 만에 스트레스를 다룰 수 있게 되어 일도 잘되고 동료를 챙겨주는 사람이 된 것 같다고 했습니다. 이 학생이 만약 치료를 받지 않은 채로 스트레스에 허덕이며 졸업했다면, 진료 이력 없이 일을 꾸역꾸역 하니 더 훌륭한 인재일까요? 외상사건을 포함한 복합적인 문제로 입원을 반복했던 학생도 있습니다. 약물치료와 더불어 100회가량의 외부 상담을 받았는데도 복학에 어려움을 겪었죠. 하지만 적응해야 하는 목적지인 학교에서 전문가의 도움을 받으며 가족과 함께 노력하니 서서히 나아졌습니다. 몇 학기가 지나서는 성적이 올라가고 친구를 사귀고 연애도 하더군요. 얼마 전에 찾아와서는 스카우트 제의를 받아 조건이 더 좋은 곳으로 이직을 한다는 기쁜 소식도 전해줬습니다. 이 학생들이 끝까지 치료를 받지 않았더라면 어떻게 됐을까요?

정신질환 치료의 근본적인 목적은 우울감, 불안감, 집중력 저하 등 눈에 보이는 증상들을 완화하는 데 있지 않습니다. 한 사람이 사회에서 일상생활을 무리 없이 할 수 있게 만들어주는 것입니다. 2016년 세계보건기구와 세계은행이 정신건강에 1달러를 투자하면 4달러어치의 건강과 경제 혜택을 얻을 수 있다고 발표한 것 역시 같은 맥락입니다. 우리 사회가 정신질환 치료의 목적을 잊지 않고 자유롭게 치료받을 수 있는 환경을 시급히 마련하길 바랍니다.

정신건강의학과
전문의가 권하는
유연함의 기술

인생의 문제에 봉착했을 때 정신건강의학과 전문의를

만나 도움을 구하는 것은 효율적인 해결책이 될 수 있습니다.

적절한 시기에 치료를 받지 못한다면 오히려

더 큰일이 날 수 있습니다.

인생에 정신과 약이 필요할 때가 있다

상담심리사가 정신건강의학과 전문의에게 가장 많이 하는 질문은 '특정한 증상이 특정 질환을 의미하고 여기에 정확히 맞는 약이 존재하는가?'입니다. 그것을 알면 내담자에게 약물치료를 자신 있게 권할 수 있을 테니까요. 하지만 안타깝게도 그렇지 않습니다. 내담자가 주변 사람에게 엄청난 피해를 보고 있어서 힘들다고 호소하는 것은 조현병 증상 중의 하나인 피해사고나 심할 경우 망상일 수도 있습니다. 피해사고나 망상이 있다고 다 조현병도 아닙니다. 피해사고와 망상은 조울증, 우울장애 등 다른 질환에서도 나타날 수 있습니다. 그러니 전문의들은 증상에 맞춰 약을 처방하는 것일 뿐, 증상이나 약이 특정 진단명을 의미할 수는 없습니다.

약물의 중독성보다
효과를 생각하기

저는 경미한 증상을 보인다면 우울장애에 대한 교육과 함께 경과를 관찰하거나 전문가 상담을 꾸준히 받으라고 조언합니다. 반면에 증상이 심하여 일상생활에 지장이 있거나 상담에 방해가 되는 수준이라면 약물치료를 권합니다. 약물은 불안, 우울 등의 부정적 감정이 고민인 사람들의 과잉생각overthinking을 줄여주는 데 분명 효과적입니다. 어느 날 성적이 아주 우수하고 대인관계에도 큰 문제가 없는 학생이 졸업을 앞두고 미래가 불안하다는 이유로 찾아온 적이 있습니다. 취직도 이미 확정되어 있어 여러 번의 성취감을 느껴본 학생이기 때문에 '네 불안은 미래를 대비하는 센서이며, 잘 해내고 싶은 마음에서 생겨났다는 것'을 인식시키기 위해 노력했지만 크게 도움이 되지 않았습니다. 불안 증상은 약을 먹고 나서야 완화되었지요. 그 학생은 불안을 없애고 싶다는 생각에 너무 몰두한 나머지 오히려 불안이 나날이 심각해진 경우여서 약을 통해 생각 자체를 줄여야 했던 것입니다.

상담시간에 맞춰 오기 힘들 정도로 몸이 지쳐 있는 상태라면 우선적으로 기운을 내주는 약물이 도움이 될 것입니다. 증상이 심하더라도 어릴 때부터 시작된 오래된 문제이고 급격한 변화를 보인 것이 아니라면 큰 위험이 발생하지 않을 수 있어 약물 치료를 필수적으로 권하지는 않습니다. 좋은 생활 패턴을 가지고 있다가 일회성 사건으로 생각, 감정, 행동에 갑자기 나쁜 변화가 생긴 경우라면 미래를 예측하기 어려우니 약물치료로 빠르게 대응할 필요가 있습니다. 약물치료가 모든 것을 해결해주지는 못하지만 효과적인 치료인 것은 분명합니다.

그런데 정신과 약이 독하고 중독이 된다는 소문에 약물치료를 꺼려하는 사람이 많은 것 같아 안타깝습니다. 약에 따라 다르지만 일반적으로 사용하는 항우울제는 환자가 다량을 먹어도 괜찮을 정도로 안전합니다. 일반인들이 흔히 복용하는 진통제보다 안전합니다. 신경계에 작용하다 보니 거북하거나 졸음이 오는 부작용이 발생하기도 하지만, 이런 증상은 대부분 며칠 내로 사라집니다. 부작용이 지속된다면 다른 항우울제로 교체해도 됩니다. 3~4주 지속해서 복용해야 효과가 나타나지만 요즘은 일부분이나마 일찍 효과를 확인해서 더 적합한 약으로 빠르게 교체하기도 합니다. 항우울제의 효과가 나타나기 전에 불면이나 초조를 완화시키기 위해 진정제를 추가하기도 합니다. 진정제는 중독성이 있지만 단기간 사용한다면 안전한 편이며, 내과나 이비인후과에서도 자주 사용되는 약물입니다. 소문대로 항우울제에 중독성이 있다면 임의로 약을 중단하는 환자가 많지 않을 것입니다. 오히려 주치의와 상의하지 않고 임의로 약을 끊어서 증상이 재발하는 경우가 많아 문제입니다. 또 자주 재발하면 약의 효과가 떨어집니다.

그래서 증상이 완전히 사라진 뒤에도 재발을 예방하기 위해 수개월간 약물을 복용하도록 권장합니다. 물론 약물을 장기간 복용하면 내과적 문제를 일으킬 수 있습니다. 하지만 정신질환에서 비롯한 안 좋은 생활습관 역시 신체건강에 문제를 일으킬 수 있습니다. 따라서 약물을 복용하든 복용하지 않든 건강에 문제를 일으킬 소지가 있다면 약물을 복용해 회복하는 것이 우선일 것입니다.

때로는 약물의 효과를
모르는 것이 좋다

그러면 약물을 복용하는 사람이 그 약에 대해 알면 좋을까요? 답은 '그때그때 다르다'입니다. 뇌과학을 전공하는 학생이 약의 효능과 부작용을 알면 자신의 증상을 이해하고 회복하는 데 도움이 되기도 합니다. 그런데 걱정이 너무 많아 힘들다는 환자에게 모든 부작용을 설명하는 것이 도움이 될까요? 타이레놀 설명서에 적힌 부작용만 읽어도 가슴이 콩닥거리는 환자에게 말이죠. 이런 경우 플라세보 효과의 반대인 노세보 효과가 발생할 수 있습니다. 객관적인 수치로 나오는 부작용이 아닌 경우, 불안한 마음이 그 부작용을 더 확대할 수 있는 것입니다.

약물의 이름 체계 또한 복잡합니다. 항정신병 약(조현병 약), 항우울제, 항불안제, 수면제⋯⋯ 이런 이름을 들으면 뭔가 딱딱 맞아떨어지는 느낌이 들지만 실제로 저 이름들은 편하게 분류하기 위해 만든 것에 불과합니다. 도파민, 세로토닌, 노르에피네프린 등 다양한 신경전달물질 수용체에 작용하는데 서로 겹치는 부분들도 있고 구분이 복잡합니다. 전문가에게 맡길 영역이죠. 실제로 항정신병 약으로 분류되는 약이 우울장애에 단독으로 사용되거나 어린아이의 틱 증상에 사용되기도 합니다. 항우울제가 우울장애보다 불안을 많이 느끼는 강박장애에 고용량으로 쓰이기도 합니다.

약의 부작용이나 다른 궁금증이 있다면 주치의에게 솔직하게 물어보는 것이 좋습니다. 좋은 의사는 환자가 인터넷에서 약 이름만 찾아보고 놀라지 않도록 미리 설명합니다. 자신의 상황을 설명하는 데 부담이 있다면 궁금한 점들을 키워드 정도로만 정리해서 메모를 보여줘도 됩니다. 그러면 경험 많은 주치의는 속 시원하게 설명해줄 것입니다. 새로운 약을 복용하기 시작할 경우 불안한 마음을 완화하기 위해 짧은 간격으로 만나서 함께 대응하면 의사도 환자도 마음이 편해질 것입니다.

정신과 약을 처방받고 구매하는 비용은 그 종류와 용량에 따라 다르지만 대개 2주에 1~3만 원입니다. 지역 정신건강복지센터의 진료비 지원이나 다른 복지정책의 지원도 받는다면 훨씬 저렴합니다. 비싸지 않은 가격에 효과 또한 빠르며 복용 여부를 비밀로 보장까지 해주는 이 약을 문제가 있을 때 먹지 않을 이유가 있을까요?

정신건강의학과
전문의가 권하는
유연함의 기술

약물은 불안, 우울 등의 부정적 감정이 고민인 사람들의
과잉생각을 줄여주는 데 효과적입니다. 또한 정신과 약은
중독성이 있다는 것도 잘못된 정보입니다.
증상이 심하여 일상생활이 어렵다면 전문의와 상담하여
약을 먹는 것을 꺼리지 마세요.

마음은 유연함을 연습할수록
단단해진다

다양한 관계의 모양 속에서 '의연한 나' 만들기

세계가 열광한 드라마 〈오징어게임〉을 두고 사람들은 현대사회의 치열한 경쟁, 탈락과 실패에 대한 압박감, 자본주의 흐름 속에서 느끼는 조급함 등을 이야기합니다. 저는 〈오징어게임〉을 보고 한 개인이 잘 살기 위해서는 일과 함께 '사람'이 중요하다는 것을 깨닫게 되었습니다. 내게 주어진 삶 속에서 무엇을 하며 살아갈지 찾는 것 못지않게 누구와 감정을 나누며 살아갈지 선택하는 것도 삶의 질을 결정하는 중요한 요소이지요.

주인공 성기훈의 전처는 남편이 직장 내 파업에 참여하느라 홀로 출산하며 죽을 고비를 넘겼고, 남편의 사업이 계속 실패하며 아이를 함께 키우기 힘들다고 생각하여 이혼을 결심한 것 같습니다. 상상을 더하면 기훈이 아주 밉지는 않았나 봅니다. 만약 기훈이 직장 내 파업에 참여하지 않았거나 사업을 준비할 때 아내와 함께 결정했다면 어떻게 되었을까요? 직장 내에서의 입지는 작아졌겠지만 아빠를 좋아하고 걱정하는 딸을 어쩌다 가끔 보는 처지로 내몰리지는 않았을 수도 있습니다. 직장을 잃고 집이 작아지더라도 아내와 상의

3장. 마음은 유연함을 연습할수록 단단해진다

하며 서로 도왔다면 아내가 속상해할 때 자존심은 조금 상하겠지만 가족을 지켰을 수도 있겠지요.

모두 돈 때문에 생긴 문제라고요? 오일남 할아버지는 어떤가요? 떳떳하지 못한 방법을 사용했지만 결국에는 큰 부자가 되었습니다. 그런데 죽는 순간에 그의 곁에는 아무도 없습니다. 그는 자신의 일을 가치 있게 생각하는 것 같지도 않습니다. 그에게는 돈을 더 벌겠다는 목표가 살아가는 유일한 재미였는지 모르지만, 그가 눈을 감는 순간은 쓸쓸해 보이기만 합니다.

일을 하며 사회에 기여하고 돈을 벌어 가족, 친구, 동료들과 잘 지내는 것은 절대로 쉬운 일이 아닙니다. 여기에 '좋아하는 일' '선구자적 업적' '큰돈' '존경받는 사회인' 등을 목표로 추구한다면 삶의 난이도는 급격하게 상승합니다. 그러니 보통의 삶을 사는 우리가 관계에서 어려움을 겪는 것은 어찌 보면 당연한 일인지도 모릅니다.

이때 특정 대인관계에서만 힘들다면 문제는 대체로 빠르게 해결할 수 있습니다. 반면에 가족, 친구, 동료 등 다양한 관계에서 어려움을 겪는 사람은 문제를 해결하기가 힘이 듭니다. 예를 들어 똑같이 연인과 헤어진 경우에도 다른 관계들이 편안한 사람은 대개 상처에서 쉽게 회복합니다. 그런데 다른 건강한 관계는 전혀 없이 연인에게만 의존했던 사람은 회복이 어렵습니다. 게다가 이들은 연인과의 관계조차 건강하지 못했을 확률이 큽니다. 이런 경우 성장과정에 어떤 문제들이 있었는지 자세히 들여다봐야 합니다.

타인과 건강한 관계를 쌓으려면 타인을 대하는 방법과 함께 나라는 개인을 이해해야 합니다. 이를 위해서는 나와 상대 그리고 환경을 이해하는 연습이 필요하지요. 상대방이 잘못이 없으니 용서를 하라는 것이 아니라 어떤 맥락에서 그 행동을 했는지 이해해보는 것입니다. 상대의 여러 면 중에 어떤 것은 좋고, 어떤 것은 나쁘고, 어떤 것은 나와 상관이 없는지를 구분한 다음, 받아들일지, 무시할지 아니면 변화를 요청할지 생각해봐야 합니다.

감정에 똑똑해야 덜 다친다

우리는 똑똑함을 평가하는 기준으로 주로 지능지수IQ를 떠올립니다. IQ는 언어, 숫자, 도형으로 구성된 시험지로 측정한 인지기능의 점수입니다. 그런데 이런 '문제 풀이 능력' 외에도 또 다른 '똑똑함'의 영역이 있습니다. 숫자나 작문에 특화된 사람이 있는 것처럼 몸을 잘 쓰는 사람, 음악에 뛰어난 사람, 공간과 방향 감각이 유독 좋은 사람 그리고 정서지능EQ이 좋은 사람이 있습니다. 이 중 우리가 눈여겨볼 EQ는 자신과 타인의 감정을 잘 인식하고 조절하여 생각과 행동을 결정하는 능력입니다.

감정은 크게는 쾌, 불쾌의 두 가지 방향과 강함, 약함의 두 가지 방향으로 구분되지만, 기쁨, 슬픔, 공포와 같은 기본적인 감정부터 한국인의 '정'과 같은 오묘한 감정들까지 다양하게 존재합니다. 그중에서 내가 느끼는 이 감정이 어디에서 왔는지, 이 감정에서 비롯한 충동을 잘 다루는지, 대인관계에서 감정을 어떻게 표현할지 알아야 감정을 잘 안다고 할 수 있습니다.

건강한 대화의 시작은 감정을 아는 것부터

아내가 수년간 준비한 일을 마무리하기 위해 아이와 일주일 정도 만나지 못하는 기간이 있었습니다. 초등학교 1학년인 아이는 엄마가 집을 비운 지 둘째 날 저녁에는 집에 오겠다고 한 말을 기억하고 있었나 봅니다. 하지만 저녁식사 시간이 지나도록 출발한다는 연락이 없었고, 아이는 엄마를 찾기 시작했습니다. 결국 저는 문자를 보냈고 답장을 기다리다 못해 전화를 했더니 아내는 그제서야 일정이 꼬여 못 온다고 말했습니다.

스피커폰으로 아이가 엄마를 보고 싶어했다고 전하며 엄마와 인사를 시켰습니다. 아이는 잠깐 인사하고는 속이 상했는지 눈물을 참는 듯 끔벅대더니 더 이상 얘기를 하지 않았습니다. "엄마 많이 기다렸을 텐데 속상했겠구나. 속상하면 속상하다고 얘기해도 괜찮아"라며 아이를 다독였습니다. 아내에게는 아이는 내가 챙길 테니 걱정하지 말라고 문자를 보냈습니다.

일주일이 지나 남편과 아들로서 서운했던 상황에 대해 아내와 대화를 했습니다. 그때는 신경이 쓰일까 봐 얘기하지 못했는데 약속을 못 지키는 상황이 되면 가족에게 꼭 알려달라고 요청했습니다. 아내는 미안해하며 다음부터는 그렇게 하겠다고 했습니다.

만약 상대를 지적하고 평가하는 것으로 대화를 시작했다면 어땠을까요? "당신이 애랑 약속을 안 지키면 애가 어떻게 부모를 믿겠어?"라고 시작한다면 대화가 원만하게 이어지지 못했을 것입니다. 그때의 구체적인 상황을 전하는 것이 대화의 기본입니다. 말하고 싶은 요점에만 집중하는 것도 중요합니다.

무엇보다 대화를 안전하게 시작하고 마무리하기 위해서는 자신의 감정을 알아야 합니다. 만약 아이가 직접 전화를 했다면 어떻게 되었을까요? 기다렸는데 못 보게 되어 서운하다는 자신의 느낌을 구체적으로 알지 못한 채 불만만 쏟아냈을 수도 있습니다. 오해가 반복해서 쌓이면 엄마와 사이가 나빠지거나 심하게는 어른들을 믿지 못하는 아이가 될 수도 있겠죠.

어린아이를 예로 들었지만 사실 성인 중에도 자신의 감정을 알아차리는 데 익숙하지 못한 사람이 많습니다. 내가 상대에게 원하는 것이 무엇인지 구체적으로 알지 못해 모호한 불편감만 느끼는 것이죠. 이러면 상대 또한 왜 저 사람이 협조하지 않고 짜증만 내는지 알 수 없습니다. 이런 상황이 지속되면 관계가 어그러질 것입니다. 연인과 헤어질 수도 있고, 직장에서 협업 능력이 부족하다는 평가를 받을 수도 있습니다. 갈등이 대화 없이 마법처럼 해결되기란 불가능합니다. 건강한 대화를 위해서는 내가 느끼는 이 감정이 서운함인지, 왜 서운함을 느꼈는지 구체적으로 말할 수 있어야 합니다.

감정에 이름을 붙일 줄 아는 사람이 빨리 회복한다

정신건강의학과를 찾는 사람들 중에는 치매나 ADHD처럼 기억력, 집중력 등 인지기능의 저하로 오는 사람들도 있지만, 감정 인식의 어려움이나 그 결과로 생긴 집중력 저하, 피로 등을 호소하는 사람도 많습니다. 커다란 슬픔이나 불안을 안고 있더라도 자신의 감정을 잘 알고 함께 나아갈 방향을 고민할 수 있는 환자는 상대적으로 빨리 회복하는 편입니다. 반대로 증상의 크기는 작더라도 자신의 감정을 말로 표현하는 것을 어려워하는 사람은 회복이 더딥니다. 의사가 여기저기 누르면서 아프냐고 묻는데 잘 모르겠다는 대답만 반복하는 상황과 비슷하죠.

감정 인식이 어려운데 심리상담만으로는 효과가 없어 정신건강의학과 진료를 권유받는 경우, 약물치료를 병행하기도 합니다. 그제서야 자신도 잘 모르던 불안과 긴장이 완화되면서 감정을 더 잘 이해하기도 하죠. 약물치료도 큰 효과가 없을 때는 과거의 경험들을 더 자세히 탐색해봅니다. 환자에 따라서 우울장애가 심해 과거를 더 나쁘게 보는 경우도 있지만, 어린 시절부터 감정이 억압되어 있는 경우가 많습니다.

어릴 때는 사람들과 즐겁게 어울리고, 무언가를 열심히 해서 성취감을 느끼고, 부족한 점이 드러날 때 격려를 받아야 합니다. 좋은 감정을 경험해야 불쾌한 감정과 비교해보고 스스로 동기부여를 할 수 있습니다. 이런 감정에 대한 이해나 대화 없이 수치화된 결과만 강요받으며 억압되었던 사람들은 시험지보다 복잡한 현실사회에 적응하는 데 어려움을 겪습니다. 동료, 친구, 배우자에게 서운하거나 화가 날 때 이 감정이 어디에서 오는지, 어떤 느낌인지, 어떤 변화가 필요할지 아는 것과 모르는 것은 차이가 큽니다.

자신의 부정적인 감정을 '짜증나요' '싫어요' '스트레스받아요' 등으로 뭉뚱그려 말하는 사람들에게 저는 감정어휘를 공부하라고 권합니다. 감정수업을 진행하는 초등학교들이 늘어나고 있다고 하는데, 성인들을 위한 감정수업도 자주 열리면 좋겠네요. '맛없다' 대신 짠지, 싱거운지, 매운지 알면 요리를 더 맛있게 할 수 있듯이 자신의 감정을 모호한 어휘가 아니라 구체적이고 정확한 어휘로 이름 붙일 수 있으면 예상치 못한 문제가 생겨도 덜 다칠 수 있습니다.

3장. 마음은 유연함을 연습할수록 단단해진다

나의 감정이 어디에서 오는지 알고

그 감정에 구체적으로 이름을 붙이는 연습을 하면

감정을 잘 다룰 수 있습니다.

이는 가장 기본적인 관계의 기술입니다.

관계 문제가 반복된다면
마음의 틀을 바꿔라

우리는 낯선 사람과 마주치면 신경이 예민해집니다. 이 사람이 나에게 호의적일지 아닐지 파악하기 위해서죠. 진화적으로 동물들은 집단생활을 하면서 뇌의 이런 기능이 발달했습니다. 무리를 이루고 정보를 주고받으며 서로를 보호하기 위해서는 믿을 만한 사람에게 자신의 등을 맡겨야 했으니까요. 이때 낯선 사람에 대한 센서가 너무 예민하면 부모 외의 어른에게 도움을 받는 것이 힘들 수 있고, 너무 둔감하면 위험한 상황에 빠질 수 있을 것입니다.

원래 알던 사람과도 관계를 관리하기란 여간 어려운 일이 아닙니다. 하물며 낯선 사람을 만나고 적당한 거리를 유지하면서 관계를 형성하는 것은 어떨까요? 아기 때는 언제든 나를 도

3장. 마음은 유연함을 연습할수록 단단해진다

와줄 사람들로 둘러싸여 있었지만, 점차 한 걸음씩 가족의 테두리에서 벗어나 사회적 과정을 겪다 보면 내가 원하는 것과 남이 내게 원하는 것을 조율하는 것이 쉽지 않다는 걸 깨닫게 됩니다. 초등학교와 같은 작은 사회로만 진입해도 관계는 복잡해집니다. 집이 같은 방향인지, 같은 학원에 다니는지에 따라 자연스럽게 친한 무리가 나뉘기도 합니다. 전학을 가거나 새 학원에 가서 친구를 사귀는 것은 조금 더 어렵습니다. 친절하게 새로운 친구를 맞아주는 아이도 있지만, 오랜 친구들끼리만 노는 아이들도 있으니까요.

게다가 성장하면서 처음 맺는 관계가 많아집니다. 성인기에 처음 이성과 연애하는 것도, 첫 직장에서 상사를 대하는 것도 모두 그 이전에는 경험해보지 못한 관계들입니다. 그렇다 보니 중고등학교 때는 같은 반에서 자연스럽게 친구를 사귈 수 있었는데, 대학생이 되어서는 동아리나 모임 활동을 적극적으로 하지 않아 친구를 못 사귄 것이 고민이라는 사람도 있습니다. 또 대학교를 졸업한 뒤에는 친구와 놀 시간도 없고 업무 위주의 관계만 쌓다 보니 외로움을 느낀다는 사람도 있지요.

관계의 모양 역시 변합니다. 이전에는 아이 방에 들어갈 때 노크 없이 문을 열어도 아이가 놀라지 않았지만, 사춘기가 된 아이는 노크 없이 방에 들어오는 것을 싫어할 수 있습니다. 학교에서 함께 어울렸던 친한 선배를 직장 상사로 만나면 반가운 마음에 예전처럼 지내고 싶지만, 선배는 다른 신입사원과 똑같이 대할 수도 있죠. 예전에는 나를 기꺼이 도와주던 친구가 동업을 시작하면 달라질 수도 있습니다. 놀 때 잘 맞았다고 일할 때도 잘 맞는 것은 아니니까요. 인간관계를 원만히 이끌어가려면 맥락에 따라 심리적 유연성을 발휘해야 합니다.

만약 자신이 어떤 상황에서도 인간관계에 어려움이 없었다면 타인에게 민폐를 끼치고도 그 사실조차 모르거나 지나간 어려움을 잊어버렸을 수 있습니다. 그만큼 관계 갈등은 살아가면서 맞닥뜨릴 수밖에 없으며 해결하기도 참 어려운 문제입니다. 특히 가족 간의 갈등이 일어났을 때 사람들은 그 현실을 받아들이는 것조차 힘들어하기도 합니다. 가족 내에서도 관계가 변화할 수 있다는 사실을 미처 몰랐기 때문이죠.

시간이 아니라
고착된 마음이 원인이었다

한국에서는 가족 간의 대화 시간이 부족하다는 말을 참 많이 듣습니다. 2019년 경기도교육원이 시행한 '경기 청소년 교육

정책 조사'에 따르면 고교생 1,600명 중 40.9퍼센트가 가족 간 대화 시간이 하루 평균 30분 미만이라고 답했습니다. 대화 시간이 전혀 없다고 답한 학생들도 1.5퍼센트였습니다. 이에 대한 원인으로 많은 사람이 현대인의 바쁜 생활을 꼽았고, 사회적으로 가족과 시간을 보내기 위한 정책들이 많이 제안되었습니다.

그런데 최근 2년 동안 애쓰지 않아도 가족과 시간을 많이 보낼 수밖에 없는 상황이 생겼습니다. 2020년에 사회적 거리두기가 시행되면서 집 안에 있는 시간이 늘어났고, 폭우 피해까지 생겨 여름휴가철에도 대부분의 사람이 집을 나서기 힘들었습니다. 한집에서 가족과 삼시세끼를 먹게 되고 저녁마다 거실에 모이는 등 코로나19 바이러스 이전에는 상상할 수도 없었던 상황이 벌어졌지요. 그렇다면 함께 있는 시간이 늘어난 만큼 대화가 풍부해졌을까요?

코로나19 바이러스가 퍼지던 초창기에는 학부생들이 강의를 주로 온라인으로 들어 대학원생과 교직원들만 캠퍼스에서 볼 수 있었습니다. 그런데 캠퍼스 방역 관리가 점차 틀이 잡히고 방학이 되자 학생들로 북적이는 기이한 광경이 연출됐습니다. 자연스레 상담센터에도 신규 환자가 늘어났습니다. 그리고 이 학생들 중 상당수가 가족에 관한 고민을 털어놓았습니다. 부모와 보내는 시간이 늘어나면서 어떻게 지내야 할지 모르겠다는 고민부터 강압적인 부모 때문에 답답하다는 하소연, 부모를 대신해서 경제적인 어려움을 짊어지게 되었다는 고충까지 가족에 관한 문제도 각양각색이었습니다. 아무래도 통제하는 성향의 부모는 간섭할 시간이 많아지고, 경제적으로 어려운 가족은 더 힘들어졌을 테니까요. 이전에는 가족 간의 대화 부족을 시간 때문이라고 생각했다면, 이제는 시간 탓만 할 수는 없는 것 같습니다. 코로나19로 그동안 드러나지 않았던 문제의 진짜 원인이 드러난 것이죠.

가족 간의
맥락을 파악할 것

성인인 대학생들의 마음도 가족관계에 크게 영향을 받는데 청소년들은 어떨까요? 청소년은 어느 학원을 다닐지, 용돈을 얼마나 받을지 등 많은 것을 부모와 상의해야 합니다. 그런데 맞벌이를 해서 평일에는 같이 저녁을 먹은 적이 없는 부모가 갑자기 삼시세끼 식사 자리에서 이것저것 물어본다고 생각했을 때 청소년들은 어떻게 느낄까요? 그 이전에도 여러 주제로 대화를 나누는 사이였다면 부담감을 느끼지 않겠지만, 부모와 대화가

3장. 마음은 유연함을 연습할수록 단단해진다

단절되어 있었다면 간섭으로 느끼지 않을까요? 실제로 가족 갈등으로 힘들어하는 사람들은 보통 부모의 말 한마디 한마디에 큰 영향을 받습니다. 꼭 혼내려는 의도는 아니더라도 무심코 던진 말 때문에 '이해받지 못한다는 생각' '존중받지 못한다는 생각'이 드는 경우가 많은 것이죠.

여윳돈이 생겨 자녀에게 사교육을 좀 더 시켜줄지 고민하는 아버지가 있다고 가정해봅시다. 평소에 부모와 학교 공부의 어려움에 대해 자주 이야기를 나누었다면 "이번 시험은 어땠어?"라는 아버지의 질문이 자녀를 불편하게 만들지 않습니다. 자녀는 아버지의 질문에 거리낌 없이 대답할 수 있겠죠. 그런데 질문의 의도와 상관없이 집에서 공부에 대한 압박을 받는다거나 아예 대화가 없는 상태였다면 자녀는 이 질문에 예민해질 것입니다. 다른 주제로는 대화가 자연스럽지만 공부라는 주제에 대해서는 편하게 대화하지 못했던 사이도 마찬가지입니다.

서로에게 감정적 만족감을 줘야 좋은 대화입니다. 대화의 내용이 깊다고 해서 좋은 대화는 아닙니다. 그동안 서먹하게 지낸 가족이라면 갑자기 깊이 묵혀둔 감정을 나누는 것이 쉽지 않습니다. 아무리 친했던 친구여도 오랜만에 만나면 무슨 이야기를 주고받을지 모르는 것과 마찬가지입니다. 되려 문제의 핵심부터 파고들려고 했다가 관계가 틀어질 수도 있지요. 이때는 서로가 가볍게 다룰 수 있는 이야기로 대화를 시작하는 것이 좋습니다. 오래된 연인이라면 비밀스러운 대화도 쉽게 할 수 있지만 이제 막 알아가는 상대에게는 조심스럽게 이야기를 꺼내는 것처럼 말이지요.

가볍고 긍정적인 화제부터 시작해봅시다. 앞의 아버지라면 가볍게 자랑부터 해도 좋겠네요. 다음과 같이 대화를 시작해보면 어떨까요?

"일이 잘되어 여윳돈이 생겼는데, 가족을 위해 쓸까 해. 그래서 말인데 최근에 시험을 봤다는 이야길 들었는데 혹시 공부하는 데 필요한 것은 없니? 평소에 학교생활이 어떤지 잘 챙겨주지 못해 미안한 마음도 들어서 그래."

이처럼 자신의 생각과 느낌의 과정을 구체적으로 이야기한다면 상대가 느낄 압박감을 줄이면서 오해를 사지 않을 수 있습니다.

처음부터 공부라는 무거운 주제를 꺼내기 힘들다면 TV 프로그램, 좋아하는 음식, 관심사 같은 얘기로 시작해보세요. '나때는'식의 학창시절 이야기를 꺼내는 것까지는 괜찮지만 "그러니 행복한 줄 알고 열심히 공부해서 성적 좀 올려라" 같은 결론으로 치닫는 것은 절대 금물입니다. 자녀에게 가벼운 도움을 요청한 뒤 고마움을 표시하는 것도 좋은 대화의 시작점이 될 수 있습니다. 이때 상대의 노력을 당연하게 여기지 않는 것이 중요합니다. 자녀도 독립된 사람이며 다른 선택을 할 수 있는 존재인데도 당신을 도와준 것이니까요.

변화는 문제를 해결할 기회가 되기도 한다

급격하게 변화하는 흐름에 맞춰 이제는 부모와 자녀 간의 대화 주제도 많이 바뀌었습니다. 몇몇 지인이 자녀가 갑자기 주식 계좌를 만들어달라는데 어떻게 해야 하는지 물었습니다. '공부에만 집중해도 모자란 판에 무슨 쓸데없는 생각을 하냐'라는 반응은 당연히 안 될 것입니다. 그렇다면 '부자가 되려면 당장 만들어야지' 하고 자녀의 요구를 선뜻 들어주는 것이 맞을까요?

저는 '어떻게 그런 생각을 하게 되었는지' 궁금해하면서 자녀의 얘기를 들어주는 것이 먼저라고 생각합니다. 어른들이 정해준 대로 따르거나 반대로 현재의 주식 열풍과 같은 최신 경향에 빠르게 발맞춘다고 해서 아이들이 나중에 잘 살 수 있는 것은 아닐 테니까요. 주식 투자가 됐든 다른 일이 됐든 가족이 서로의 생각을 나누고 함께 결정하는 경험이 자녀의 성장에 큰 도움이 될 것입니다.

부모자식 사이든, 친구 사이든 평소에 대화를 많이 주고받았던 사람은 관계의 역사가 지속적으로 이어져 그 맥락을 파악하기가 쉽습니다. 관계의 모양이 조금씩 변하더라도 그에 맞춰 어떻게 대응해야 하는지 잘 아는 것이죠. 그래서 이번 펜데믹을 계기로 서로 더 친밀해지고 지식 이상의 배움을 전달하는 기회를 갖는 가족도 있습니다. 혹시 가족이나 친구 관계에서 문제를 겪고 있다면 이전에는 크게 느껴지지 않아서 무시했던 문제의 원인을 발견하고 개선하는 기회로 삼는 것도 좋겠습니다.

정신건강의학과
전문의가 권하는
유연함의 기술

아무리 가까운 사이더라도 언젠가는 변합니다.

그때 그 관계를 바라보는 자신의 마음이 유연하지 못하면

갈등이 생길 수 있습니다. 다양한 관계의 모양을

있는 그대로 바라볼 줄 알아야 합니다.

비난으로부터 나를 지키는
세 가지 방법

제가 쓴 칼럼에 대한 인터넷 반응을 보고 속이 상했던 적이 있습니다. 입시 의혹과 관련된 칼럼을 쓰면서 두 거대 정당과 관련된 입시비리를 모두 언급한 것이 화근이었습니다. 사람들은 자신의 잘못은 주어진 상황 때문에 어쩔 수 없다고 생각하고, 다른 사람의 잘못은 인격 자체를 문제 삼는다는 내용을 전하고 싶었지만 지면이 부족해 충분히 담지 못했습니다. 정치적 입장과 상관없이 생각해볼 문제라는 점을 강조하고 싶었지만 양쪽의 정치적 입장을 옹호하는 사람들로부터 동시에 비난을 받았습니다.

글을 쓰기 전부터 어느 정도 논란은 예상했지만 모르는 사람의 비난에는 인간의 마음을 공부하고 사회 경험이 많은 40대

　　　　　3장. 마음은 유연함을 연습할수록 단단해진다

아저씨도 마음이 상합니다. 그런데 아직 경험이 많지 않은 청년들은 사람들의 비난에 대처하기가 얼마나 어려울까요? 하물며 자신의 개인적인 일이 기사로 공개돼 일면식도 없는 사람들의 입방아에 오르내리고 인격 모독성 댓글로 공격받았을 20대 연예인은 어떤 상처를 받았을까요? 그 연예인은 자유가 보장된 나라의 사적인 자리에서 옷을 원하는 대로 입었을 뿐인데 '정신이 이상하다'라는 비난을 받았습니다.

사람들은 원래
남 이야기 하기를 좋아한다

인터넷 실명제부터 인공지능을 이용해서 악플을 삭제해야 한다는 구체적인 방안들까지 악플에 관한 여러 처방이 제시되었습니다. 유명 연예인이 목숨을 끊는 일이 잇달아 발생하자, 자극적인 제목을 단 기사와 함께 악플이 그들의 마음에 큰 상처를 냈을 것이라는 분석이 나왔기 때문입니다. 그런데 자신의 사회적 자아가 드러나는 SNS 계정으로도 악플을 다는 사람들을 보면 실명제로 완전히 해결될 것 같지는 않습니다. 상대에게 공감하고 존중하는 방법을 교육하는 것도 필요하지만 쉬운 일이 아닙니다. 어쩌면 과도한 비난으로부터 자신을 보호하는 방법을 배우는 것이 더 효과적일 수도 있습니다.

이 방법은 특히 청년들에게 필요합니다. 나이가 들어 경험이 쌓이면 "그게 뭐 대수라고" 하며 나를 지지해주는 사람들과 함께 이겨낼 수 있는 일들이 청년들에게는 아직 어려운 과제입니다. 청년들은 '소문이 돌았을 것 같은 느낌'만으로도 힘들어합니다. 어쩌면 사회적 동물인 인간이 진화적으로 이득을 얻었던 '남의 시선에 신경을 쓰고 집단과 조화를 이루려는 노력'이 자신을 힘들게 하는 방향으로 작용하기 때문이겠죠.

첫째, 사람들은 별 생각 없이 남 이야기를 한다는 것을 알아야 합니다.

사람들 간에 말로 비난하고 상처를 주는 일은 의외로 빈번하게 발생합니다. 별 생각 없이 하는 말뿐만 아니라 누군가의 비난에 정확한 사실 확인 없이 '그래? 그 사람 좀 그렇네……'라고 반응하는 것만으로도 누군가에게는 상처가 됩니다. 하지만 우리가 명심해야 할 것은 보통의 인간은 그렇게 행동하고 반응할 수밖에 없다는 사실입니다. 그러니 나에 대한 일부 부정적인 시선이 있다고 해서 그들이 나를 정말 그런 사람이라고 생각하는 것은 아닙니다. 그들은 나를 부정적으로 생각해서가 아니라 사회적 동물로서 본능에 따른 것일 뿐이기 때문입니다.

게다가 약간은 삐딱한 시선을 가진 사람도 직접 대화를 나눠보면 나를 다시 보게 만들 수 있습니다. 하지만 분명 대화할 의지조차 사라지게 만드는 삐딱한 사람이 있겠지요? 나를 바꾸는 것보다 타인을 바꾸는 것이 더 어렵다고들 하는데, 그런 사람들은 어떻게 대하는 것이 좋을까요?

이상한 사람은
어디에나 있다고 생각하기

둘째, '이상한 사람'은 어디에나 있습니다.

팀 과제를 예로 들면 팀원 중 한 명은 꼭 나를 곤란하게 하지 않나요? 직장에도 '저 사람 왜 저러지?'라는 생각이 들게 만드는 사람이 있고요. 심지어 정신건강의학과 교과서에는 전체 인구의 10퍼센트가 성격장애를 앓고 있다고 쓰여 있습니다. 열 명으로 구성된 집단에서 한 명 정도는 성격적으로 대다수 사람과 다른 행동을 보인다는 말입니다.

정치, 종교, 성별 등 민감한 주제에 대해 다른 의견을 가진 사람들은 더 흔합니다. 이들 중 다양성을 존중하지 못하는 일부에게 비난을 받을 수 있습니다. '내가 잘못한 것이 없는데 왜 비난을 받아야 하지?'라는 생각이 꼬리에 꼬리를 물게 되면 오히려 우리가 더 힘들어집니다.

나를 이해하는 사람들과
연대할 것

셋째, 맥락을 잘 이해하고 있는 사람이 나를 지지한다면 그들과 연대하세요.

인신공격성 기사나 댓글을 쓴 사람들은 대수롭지 않은 일이라고, 나 말고도 많은 사람이 그렇게 생각한다고 말할 것입니다. 심지어 그런 반응에 '추천'을 누르는 사람들은 자신은 잘못이 없다고 말합니다. 하지만 글의 주제와 상관없이 자신의 정치적 입장에 따라 불만을 표현한 반응보다 저를 더 속상하게 했던 것은 "네 생각은 틀렸어. 근거를 댈 필요도 없어. 대부분의 사람이 네 편이 아닐 거야. 넌 어차피 틀린 행동만 할 사람이거든"이라는 반응과 여기에 대한 동조(추천 수)였습니다. 여기에 욕설까지 더해지면 듣는 사람을 가장 아프게 하는 '악플'일 것입니다. 세상이 모두 나를 반대하고, 내 행동뿐 아니라 '나'라는 사람 자체가 이 사회에 받아들여질 것 같지 않으면(곧 인신공격을

3장. 마음은 유연함을 연습할수록 단단해진다

받으면) 지독하게 외로워지니까요.

그렇지만 분명 가까이서 나를 이해하고 지지하는 사람이 여럿 있을 것입니다. 이들에게 의지하세요. 중요한 것은 멀리서 나를 비난하는 이름 모르는 누군가가 아닙니다. 근거 없는 비난에 신경을 쓰는 대신 내 편의 이야기에 귀를 기울이세요. 이들과 함께 쉽게 남을 비난하는 사람들과 맞선다면 더 도움이 될 것입니다. 정치, 종교 등의 견해가 다르더라도 '과도한 비난'에는 함께 맞설 수 있습니다. 악플에 누군가 "무슨 옷을 입든 개인의 자유입니다. 당신은 인격 모독을 하시는 것 같네요"라는 댓글을 달아준다면 도움이 될 것입니다. "제가 보기엔 예쁜데요. 저도 님처럼 인격을 모독하는 댓글이 보기 싫었어요"라고 누군가 호응해준다면 더 좋겠죠.

'사람들이란 원래 좀 그렇지 뭐. 내 편을 들어줄 사람과 함께 억울함을 풀고 일상으로 돌아가자'라는 생각만으로는 견디기 힘들다면 전문가의 도움을 받는 것이 좋습니다. 마음의 아픔이라면 상담과 진료가, 경제적, 사회적 피해라면 법률적 조언이 도움이 될 것입니다. 현재의 법과 제도 내에서도 부족하지만 피해자를 보호할 수 있는 방법이 분명 있습니다. 지난한 과정을 겪더라도 불운이 나를 삼키지 않도록 세상을 헤쳐나가는 힘이 생길 겁니다.

정신건강의학과
전문의가 권하는
유연함의 기술

비합리적인 비난을 듣는다면
'저 사람은 왜 저런 말을 하는 걸까?' 하고
곱씹는 것이 아니라 '그게 뭐 대수'라고 생각하며
나를 지지해주는 사람들과 함께하세요.
이상한 사람들은 어디에나 있으며,
내가 그들을 바꿀 필요는 없습니다.

수치심에 유연해야 우아해진다

　다른 사람들과 잘 어울리며 사람들로부터 밝고 긍정적이라는 평판을 받는 여자가 있습니다. 그런 그녀가 저를 찾아왔을 때는 조금 놀랐습니다. 게다가 그녀는 세간에 알려진 그녀의 겉모습과는 전혀 다른 고민을 안고 있었습니다.

　그녀는 자신에 대한 비판이나 충고를 듣는 것을 힘들어했습니다. 누군가 그녀의 의견이 틀렸다고 말하면, 실제로 옳은 지적이어도 수치심을 느끼며 부정적인 감정에 사로잡혔습니다. 하물며 그녀가 생각하는 방향과는 전혀 다른 비판이나 자신이 옳다고 생각하지 못하는 충고를 들은 날이면 스트레스가 너무 심해 남은 시간 동안 업무를 볼 수 없었습니다. 그녀는 어릴 때 타인의 말과 행동에 상처받지도 그것을 깊게 생각하지도 않았는데, 나이가 들고 많은 사람과 일을 할수록 타인의 말과 행동에 스트레스를 받는 일이 많아졌다고 합니다. 자연스레 자신의 말과 행동이 누군가에게 상처를 주지 않을까 고민하며 자책하는 일도 많아졌고요. 예컨대 아침에 출근하는 동안 '전날 점심식사 자리에서 동료에게 농담처럼 던진 말이 기분 나쁘게 들리지 않았을까' '나를 가벼운 사람으로 보면 어떻게 하지?' 하고 생각이 꼬리를 물고 이어지는 식이었습니다.

수치심도 자연스러운
감정 경험

우리는 모두 타인의 반응에 신경 쓰도록 설계된 사회적 동물입니다. 나이가 들수록 점점 지위가 생기고 책임이 커지면서 '괜찮은 사람' '일 잘하는 사람' '매력적인 사람' 등 사람들에게 보이고 싶은 모습들이 생깁니다. 그리고 그런 사람이 되기 위해 과거 나에게 상처가 되었던 말과 행동들을 하지 않으려고 자기 검열을 시작합니다.

그러다 보니 예상하지 못한 순간 누군가에게 자신의 잘못을 지적받거나 실수를 들켰을 때 수치심과 죄책감을 느끼는 것은 매우 자연스러운 감정 발현입니다. 이때 부정적인 감정도 '충분히 느낄 수 있어'라고 유연하게 생각하면서 자신의 감정을 들여다보고 해결할 줄 알아야 합니다. 그래야 또다시 비슷한 감정을 느낄 때 흘려보낼 여유가 생기고 이를 통해 성장할 수 있습니다.

물론 부정적인 감정을 처리하는 것이 말처럼 쉬운 일은 아닙니다. 이러한 감정을 처리한 경험이 적을수록 어려움을 겪는 것은 당연한 일이지요. 여기에 어린 시절 일부 행동으로 존재 자체를 부정당하거나 부정적 감정을 경험하고 제대로 해소하지 못한 사람이라면 충고나 비판을 들을 때 분노조절 버튼을 잘못 누르는 경우도 있습니다. "이것도 못하다니, 형편없군" "이러면 사람들이 좋아하겠니?"식의 말들이 오랜 시간이 지나서도 그의 올바른 감정 경험을 방해하는 것이지요. 과도한 자기검열 기준이 타인을 향하는 경우도 있습니다. 사회생활을 하면 할수록 남들의 시선에 신경이 쓰이면서 어릴 때는 '그냥 그러라지' 하며 쉽게 넘길 수 있었던 다른 사람들의 말과 행동을 두고 이제는 '저 사람은 어떻게 저럴 수 있을까?' '이해할 수 없어'라고 실망하며 부정적인 감정에 빠져 쉽게 회복하지 못합니다.

따라서 나의 말과 행동에 대한 비판과 충고를 들을 때는 잠시 반응을 멈추고 어떤 감정이 드는지 탐색해볼 필요가 있습니다. 자연스럽게 발현되는 감정을 거부하고 오히려 방어적인 태도를 취한다면 상황을 회피하거나 감정 처리를 제대로 하지 못해 경직된 반응을 보이기 일쑤입니다. 그 감정은 어디서 오는 것일까요? 서운하고 화가 난다면 타인으로부터 부정당하는 것 같아서인지, 무시받는 것 같아서인지, 거절당하는 것 같아서인지, 나의 단점을 들켜 부끄러워서인지 면밀히 들여다보세요. 이는 '내가 어떤 나로 보이고 싶은지'를 알아내는 과정입니다. 타인의 평가에 신경이 쓰이고 스트레스를 받는다면 어떤 나로 보이고 싶은가에 대한 욕구를 먼저 파악하고 수용하는 과정이 필요합니다.

그리고 어느 정도까지 그러한 사람이고 싶은지, 어떤 부분에서는 덜 잘 보여도 되는지를 찾아 느슨한 자기검열 기준을 만든다면 훨씬 편하게 지낼 수 있을 것입니다. 또한 비판과 충고는 나의 일부분에 대한 것이며 전체에 대한 평가가 아니라는 점을 명심하세요. 누구도 한 번의 실수로 나를 '일 못하는 사람' '실수 많이 하는 사람'으로 규정하지 않습니다. 설령 있다면 타인을 보는 그 사람의 시각이 삐뚤어진 것입니다.

타인의 비합리적인 비난과 거절은 어느 정도 걸러서 받아들일 줄 알아야 합니다. 어디까지나 타인의 의견일 뿐이니까요. '아, 당신은 그렇게 생각하는군요'라고 생각하며 부정적 감정과

거리를 두고 마음을 정리하는 시간을 가져야 합니다. 그렇게 한다면 부정적 감정에 따른 피로를 줄이고 의견을 조율할 수 있는 부드러운 카리스마가 생길 것입니다.

무례한 사람에게
우아하게 대처하는 법

비꼬는 말이나 예의 없는 표현에는 어떻게 대응해야 할까요? 사람들은 각자 자신만의 심리적 공간과 경계가 있고, 이것이 침범당하는 것은 유쾌한 일이 아닙니다. 경계를 침범하는 무례한 사람으로부터 나를 보호하는 해결책 중 하나는 상대방에게 나의 경계선을 알려주는 것입니다. 객관적 상황과 자신의 인식, 느낌을 분명히 전달하고 개선을 요구하는 것이 가장 직접적이고 효과가 큰 방법입니다.

타인에게 불편한 이야기를 하기가 어렵다는 생각에 선뜻 내키지 않을 수 있습니다. 하지만 나의 경계를 분명히 알려주지 않은 상태에서 상대방이 스스로 알아차리기란 사실상 불가능에 가깝습니다. 또한 올바른 대응 없이 기분 나빴던 기억과 느낌을 잊어버리려 애쓰는 과정에서 오히려 그 기억이 반복적으로 떠오르고 벌어지지 않은 상황까지 구체화하는 모순이 생깁니다. 결국 분노 버튼이 적절하지 못한 상황에서 눌러질 수도 있습니다.

먼저 욱하는 감정이 올라올 때 눈 밑이 떨리거나 머리가 하얘지는 등 몸의 달라지는 감각을 인식하면 잠깐 반응을 멈추세요. 지금 무슨 말이 나의 경계를 넘은 것인지, 나의 어떤 부분을 건드린 것인지 자신을 탐색해야 합니다. 그다음에는 상대에게 사실을 위주로 전달해야 합니다.

예를 들어 열심히 준비한 안건에 대해 직장 상사가 회의 자료를 제대로 보지도 않고 "생각을 더 해보고 안건 다시 내세요"라고 말한다면 당연히 감정이 욱 올라올 것입니다. 이때 3~5초 정도 숨을 크게 쉬고 자신에게 물어보세요.

'화난다. 열심히 준비했는데 읽지도 않고 더 생각해보라니. 자기는 시키기만 하면서. 하아, 내 노력이 헛된 것같이 느껴져서 화가 나고 속상하네. 대체 뭐가 부족해서 그런 거지?'

그리고 상대와 불편해지는 것이 꺼려진다면 욱하는 대신 이렇게 말해봅니다.

3장. 마음은 유연함을 연습할수록 단단해진다

"혹시 어떤 부분이 부족한지 여쭤도 될까요? 말씀해주시면 그 부분 참고해서 새로운 안건 올리겠습니다."

또는 공개적인 자리에서 비합리적인 언사 또는 반말을 듣고 속이 상했다면 어떻게 하는 것이 좋을까요? 조금 불편해지더라도 할 말은 해야겠다는 결심이 섰다면 다음과 같이 말해도 좋습니다.

"목소리를 높인 채 거친 표현을 사용하시면 위협당하는 느낌이 듭니다. 조금만 진정하고 말씀해주시면 감사하겠습니다."

"공개적인 자리에서 반말은 삼가해주시면 좋겠네요. 친하다고 생각해서 그러셨을 수도 있지만 다른 사람들이 오해해서 제가 힘이 듭니다."

가스라이팅은
거부하라

만약 연인이나 상사의 행동 중 바꾸고 싶은 것이 있어 여러

차례 상대방의 잘못을 이야기하여 사과를 받고 그 행동을 못하도록 했다면 이것은 '가스라이팅'일까요 아니면 조언일까요?

가스라이팅gaslighting이라는 용어는 영화 〈가스등Gas Light〉에서 유래되었는데, 영화의 내용은 이렇습니다. 남편이 아내의 재산을 가로채기 위해 집 안의 가스등을 어둡게 하고 '어둡지 않냐'고 묻는 아내를 예민한 사람으로 만들어 질타합니다. 반복되는 상황 속에서 아내는 점점 자신의 판단을 의심하고 남편에게 의존하게 됩니다.

영화 내용처럼 가스라이팅은 타인의 심리, 상황 등을 교묘하게 조작해 현실감과 판단력을 잃게 하고 스스로를 의심하게 만들어 가해자의 지배력을 강화하고 피해자를 통제해 심리적, 실리적 이득을 얻으려 하는 행위를 말합니다. 가스라이팅은 나이, 연차, 서열과 상관없이 가해자가 피해자보다 우위에 있다고 여겨지는 상황에서 발생할 수 있습니다. 작은 실수나 오해받는 상황을 이용해서 '네가 잘 모르니까 안타까워서 알려주는 건데'라는 식으로 나를 좌지우지하려 한다면 가스라이팅일 가능성이 높습니다. 또한 아무리 옳은 방향이라도 도움을 받아서 고맙다는 느낌보다 불편한 마음으로 하고 싶지 않은 무언가를 하게 만든다면 그 또한 가스라이팅입니다. 가스라이팅은 가해자가 의도하지 않아도 충분히 발생할 수 있습니다.

사실 가스라이팅과 조언을 구별하기란 꽤 어렵습니다. 인간관계에서는 어떤 것이든 영향을 주고받을 수밖에 없기 때문입니다. 연애를 할 때는 서로의 세계를 맞춰가는 과정이 있고, 동료나 상사와의 관계에서는 서로의 업무적 기대를 채워나가는 과정이 있습니다. 그 속에서 "이래라저래라" 하는 지시와 조언, 비판이 생기고, '이랬으면 저랬으면' 하고 영원히 충족되지 않을 바람이 생깁니다.

이 과정에서 자신의 마음이 어떠한지 알아보지 못해 상대방의 의도를 제대로 파악하지 못하고 메시지 그대로 자신의 탓으로 받아들인다면 무슨 일이 벌어질까요? 내가 점점 상대의 통제대로 흘러가면서 의도가 무엇이었든 간에 긍정적인 결과로 이어질 수 없습니다. 왜냐하면 상대방의 마음과 자신의 마음이 구분되지 않고 경계가 제대로 지어지지 않아 상대방의 마음을 자신의 것인 양 받아들이는 상태가 되기 때문입니다.

그러니 가스라이팅과 조언을 구분하기 위해서는 먼저 내가 상대의 말로 인한 아픔과 다양한 감정을 마주 보고 판단하고 구분지을 수 있어야 합니다.

- 상대방의 말에 지금 이 감정이 왜 드는가?
- 상대방은 무슨 말을 하고 싶은 것인가?

• 상대방의 말을 어떻게 해석하고 받아들일 것인가?

　평소에는 좋은 사람인데 내가 정한 경계를 넘거나 선택을 강요하는 상황이 잇달아 생겨 불편한 감정이 들면 거부할 수 있어야 합니다. "조언 감사합니다, 생각해볼게요"라고 대응하고 마는 것이지요. 이때 상대방이 불쾌해하며 비난한다면 그 사람과는 관계를 끊는 것이 좋습니다. 또한 상대방의 말을 분석했을 때 가스라이팅이 분명해 보인다면 조치를 취하거나 관계를 분명하게 끊을 필요가 있습니다. 상대방이 강력하게 밀어붙이는 선택이 아무리 옳다고 하더라도 내가 주인이 되어 나의 행동을 결정해야 불편한 느낌이 줄어들고 성장할 여지가 생깁니다.

　'비판이나 충고를 우아하게 받아들인다는 것'이 무례함을 참는다거나 옳기만 하다면 묵묵하게 받아들이는 것을 의미하지 않습니다. 타인이 나의 삶에 끼치는 영향력을 조절하고 부정적인 감정에 현명하게 대처하는 것을 의미합니다. 이런 사람은 무례한 사람이 나의 하루를 망가뜨리지 않도록, 누군가가 나의 삶을 통제하지 않도록 조절하지요. 타인에게 나의 결정권을 넘기지 않아야 나에게 중요하고 소중한 것에 시간과 에너지를 집중할 수 있습니다.

정신건강의학과
전문의가 권하는
유연함의 기술

수치심을 느낄 때마다 '이런 감정은 자연스러운 반응이야'라고
유연하게 생각해야 합니다. 이러한 부정적인 감정을
들여다보고 해결하는 경험이 있어야 다시 비슷한 감정을
느낄 때 흘려보낼 여유가 생깁니다.

감정의 다양한 모양을 받아들일 것

1남 1녀의 둘째인 저는 누나를 하늘나라로 떠나보냈습니다. 누나는 만 39세에 갑자기 말기 위암을 진단받고 4년을 버텼지만 더는 어려웠던 것 같습니다. 누나는 마지막 날 숨 쉬는 것 외에는 아무것도 할 수 없는 상태였습니다. 중학교 3학년인 첫째가 묵묵히 전하는 작별 인사를, 초등학교 6학년 둘째가 전하는 편하게 보내지 못해 죄송하다는 인사를, 일곱 살 막내가 전하는 울먹임을 말없이 받아주었습니다. 그리고 매형이 잠깐 자리를 비운 사이 누나는 숨이 거칠어졌다가 매형의 얼굴을 다시 보고 나서야 숨을 멈췄습니다. 맥이 더 이상 잡히지 않자 병원 원장이 와서 사망 선고를 했습니다.

누나의 세 아들은 초등학교, 중학교, 고등학교 입학을 앞둔 상태였습니다. 매형과 대학 과동기로 만나 20대 후반에 결혼했으니 매형은 정말 긴 세월을 함께 보낸 배우자를 잃는 동시에 아직 어린 세 자녀를 혼자서 돌봐야 합니다. IMF로 어려운 시절을 보내며 딸의 뒷바라지를 제대로 해주지 못했다고 미안해하시는 부모님에게는 이제 챙겨줄 딸이 없습니다. 모두에게 슬픈 시간이었습니다.

다정하지 않은 슬픔도 있다

1967년 토머스 홈스Thomas Holmes와 리처드 라헤Richard Rahe 가 발표한 스트레스가 되는 인생사건 목록에서 1위를 차지한 것이 배우자의 죽음입니다. 성인의 경우 자신이 아프거나 다치는 것을 53점이라고 할 때 배우자의 죽음은 100점, 가까운 가족의 죽음은 63점, 친구의 죽음은 37점의 고통으로 평가했습니다. 미성년의 경우에는 자신이 입원할 정도로 아픈 것이 58점일 때 부모의 죽음은 100점, 형제자매의 죽음은 68점, 친구의 죽음은 63점이었습니다.

그런데 이 고통에도 다양한 스펙트럼이 존재합니다. 죽음과 이별을 마주했을 때 대부분의 감정은 슬픔, 그리움, 아쉬움 등이지만 종종 전혀 다른 감정이 들 때도 있습니다. 당장은 슬프지 않은 애도도 있습니다. 장례를 잘 치러야 한다는 책임감과 밀려오는 손님맞이 그리고 사망신고, 유품 정리 등 남은 할 일들이 있어 슬픔을 느낄 새가 없는 것이 현실이니까요. 오랜 병간호에 지쳤다면 일종의 후련함부터 들 수도 있습니다. 이처럼 가까운 사람이 죽었을 때 반드시 눈물부터 흘려야 하는 것은 아닙니다.

관계에 따라 생전 너무 힘들게 한 가족이라거나 가까운 사람들에게 큰 상처를 준 사람이라면 이제 모든 것이 끝났다는 안도감과 해방감을 느낄 수도 있습니다. 예컨대 사이가 좋지 않은 어머니의 사망 소식을 들었을 때 어떤 날은 '딸인 나한테 왜 그랬을까' 싶다가도 어떤 날은 그래도 '어머니가 돌아가셨는데 이런 마음을 품는 것이 잘못된 것은 아닌지' 죄책감이 들 수도 있습니다. 한편으로는 살아 있다면 싸우기라도 하고 변명이라도 들을 텐데 하는 아쉬움과 답답함 등 온갖 양가감정이 들 수 있습니다. 이럴 경우 자신의 복잡한 마음을 가만히 들여다보고 그런 마음을 느낄 법도 하다고 자신을 인정하세요. 용서가 늦어져도 되고, 미움이 길어져도 됩니다.

'다른 엄마들만 같았다면……. 하지만 돌아가신 분을 미워하는 나도 힘들어. 하지만 당분간은 조금만 더 미워하고 싶어. 아직은 마음이 힘들고 아파서 용서가 쉽지 않아.'

슬픔의 크기는 사람마다 다르고, 그 형태도 다릅니다. 슬픔이 몰려오는 시기가 다를 수도 있습니다. 지금은 현실적인 일을 처리하느라 또는 모종의 이유로 슬프지 않을 수도 있지만 오랜 시간이 지난 뒤 문득 그립거나 슬퍼질 수도 있습니다. 그 시기를 누가 알까요? 흘러가는 대로 느껴지는 대로 마주해보시기 바랍니다.

정신과 전문의가 권하는
애도의 기술

막내 조카가 자주 엄마를 보고 싶다고 얘기한답니다. 가족들은 아이를 달래주고 싶지만 막내 조카의 소원은 어린이날 소원처럼 들어줄 수가 없습니다. 형들에게 한소리를 들으면 형들은 자신보다 몇 년을 엄마랑 더 보냈으니 낫지 않느냐고 투정을 부린답니다. 한 살 위인 저의 아이도 사촌들을 만나고 오면 고모 생각이 나서 눈물을 보입니다. 제가 보던 영화를 흘끔 보더니 고모도 환생할 수 있냐고 묻기도 합니다. 자기를 귀여워해줬던 고모가 그리운가 봅니다.

저 역시 수년간 마음의 준비를 해왔고 장례라는 절차를 통해 마음속에서도 고인을 떠나보냈지만 잘 추슬러지지 않습니다. 시간이 지나도 가끔 생각나고 그립습니다. 하지만 점차 고인이 없는 생활에 적응해가고 있습니다. 기념일에는 가족이 모여 서로를 챙깁니다. 충분히 슬픔을 표현하며 좋았던 추억들을 꺼내봅니다. 보고 싶은 마음은 억누르지 않는 것이 좋습니다. 보고 싶은 마음은 그 마음대로, 즐거웠던 기억은 그것대로 지금 내 곁에 있는 사람들과 나누는 것이 좋습니다. 우리 가족은 때 이른 누나의 죽음을 이렇게 받아들여가고 있습니다.

만약 슬픔이 너무나 강렬해 죽음을 전혀 받아들일 수 없다거나 자신이 대신 죽어야 했다고 느끼는 등 과도한 반응을 보인다면 전문가의 도움이 필요합니다. 이전부터 우울장애를 앓고 있었다거나 사회적 지지체계가 부족한 경우 적응이 어려울 수 있습니다. 사고나 범죄로 마음의 준비도 없이 갑자기 소중한 사람을 잃으면 이런 위험이 더 커집니다. 죽음을 전혀 생각하지 않았던 젊고 건강했던 사람을 떠나보내면 더 받아들이기 힘들 것입니다.

3장. 마음은 유연함을 연습할수록 단단해진다

과거에는 사별 후 애도에 대해 치료하지 않는 것이 관행이었다면 현재는 장기간 이어지는 애도의 고통에 진단명을 붙이기도 합니다. 진단과 상관없이 고통이 크고 이야기를 나눌 사람이 없다면 전문가의 도움을 받는 것도 좋은 예방조치입니다. 특히 아끼는 사람이 자살로 죽었다면 그 충격은 더욱 클 것입니다. 그런 경우에는 중앙심리부검센터에 자살 유가족을 위한 서비스가 마련되어 있음을 기억해주기 바랍니다.

함께 기억을 나눌 사람이 있으면 좋겠지만 그렇지 못한 경우도 있습니다. 이럴 때는 혼자서라도 표현해보는 것이 좋습니다. 글을 써도 좋고 관련된 책이나 영화를 보며 감정을 해소하는 것도 좋습니다. 비슷한 처지에 있는 사람들의 모임도 도움이 됩니다. 단 모임 방식이 건강해야 한다는 전제가 붙습니다. 약물치료도 도움이 됩니다. 캠퍼스에도 사고로 동료를 잃은 대학원생, 코로나19로 돌아가신 부모를 찾아뵙지 못한 외국인, 자살사고자의 지인 등 애도 과정이 힘들어 상담센터를 찾아오는 사람이 많습니다. 대개 감정이 정리되지 않아 학업과 일상생활에 영향을 받고 있는 경우이기 때문에 약물치료를 권합니다. 누군가의 죽음과 같은 일은 갑자기 정신건강을 악화시키는 큰 사건으로, 빠르게 대응해야 할 필요가 있기 때문입니다.

프랑스 문학가 롤랑 바르트Roland Barthes는 어머니의 죽음을 애도하며 《애도 일기 Journal De Deuil》라는 책을 집필했습니다. 어떤 배우는 전시회 등을 방문할 때마다 방명록에 먼저 세상을 떠난 동생의 이름을 남긴다고 했습니다. 그렇게 하면 동생이 아직 살아있는 것 같다는 기분이 든다고 하더군요. 앞에서도 이야기했듯이 임세원 교수의 유족들은 생전 교수의 뜻을 기리며 조의금을 좋은 곳에 써달라고 했습니다. 애도의 방법은 각자 다를 수 있습니다. 감정을 건강하게 해소할 수만 있다면 그것이 나에게 맞는 방법입니다.

정신건강의학과
전문의가 권하는
유연함의 기술

눈물 없는 슬픔이 있듯이 애도의 감정에는
다양한 스펙트럼이 존재합니다. 감정을 느껴지는 대로
마주해보기를 바랍니다. 그리고 혼자서 감정을 추스르기가
힘들다면 전문가의 도움을 받아야 합니다.

4장

다양한 인생살이 속
세상물정의 심리학

나를 지키는 최소한의 경계를 만들어야 세상이 바로 보인다

뻔하디뻔한 말처럼 들리겠지만 지금은 다양성의 시대입니다. 각자가 소중하게 여기는 가치가 늘어나는 동시에 사회적 갈등도 늘어났지요. 이를 두고 제러미 리프킨Jeremy Rifkin, 버락 오바마Barack Obama, 리베카 솔닛Rebecca Solnit 등 수많은 전문가가 다양한 사회갈등의 해결책으로 '공감'을 제시했습니다.

그런데 이 공감에 관해 의문이 듭니다. 공감이란 '타인의 상황과 기분을 느낄 수 있는 능력'을 말합니다. 그렇다면 타인의 감정을 똑같이 느끼기만 해도 공감이라 할 수 있을까요? 상대와 똑같은 감정을 느껴야만 공감을 잘한다고 할 수 있는 걸까요? 그리고 공감은 공정할까요?

공감은 편협합니다. 경험을 공유하는 사람들은 서로를 이해하기 쉽습니다. 전쟁의 참혹함을 경험한 사람들은 먼 나라의 다른 민족이 전쟁 중에 있어도 자신이 겪었던 일들이 떠올라 안쓰러운 마음에 돕고 싶어집니다. 아이가 있는 사람들은 육아의 어려움에 대해, 결혼을 앞둔 사람들은 낯설고 복잡한 과정에 대해 공통된 경험이 있습니다. 나이 차이가 있어도 비슷한 경험을 한다면 통하는 것이 생깁니다. 젊은 사장과 노련한 경영자는 "재정 관리와 인재 관리 중에 뭐가 더 어려운가요?"라는 질문에 서로 다른 답을 내놓더라도 공감하고 나눌 정보가 많을 것입니다.

같은 세대는 자연스럽게 경험을 공유합니다. 시대의 특정 사건을 함께 겪기도 했고 취직, 결혼, 출산, 은퇴 등 생애주기에 따른 고민거리가 비슷하니까요. 성별, 국적, 출신 지역, 직업 등도 마찬가지입니다. 공통점이 많을수록 서로를 이해하기 쉬워 의사소통이 잘됩니다. 의사들끼리 학술발표가 아닌 자리에서도 전문 의학용어로 이야기하는 것은 잘난척하려는 것이 아니라 그것이 더 익숙하기 때문입니다.

그러니 같은 경험을 공유하고 있지 않은 사람들을 이해하는 데는 얼마나 많은 에너지가 들까요? 공통점이 줄어들수록 타인의 입장을 이해하는 데 에너지가 많이 소모됩니다. 같은 나라 말인데도 외국어처럼 들립니다. 그래서 심리학자 폴 블룸Paul Bloom은 공감을 잘못 사용하는 경우를 경고하며 세상을 더 낫게 만들려면 다른 사람의 신발을 신어보는 방식보다는 도리어 한발 물러나 객관적이고 공정한 도덕에 근거해 판단하는 이성적 역량을 키워야 한다고 주장했습니다.

저는 공감을 놓치고 싶지 않습니다. 이러한 한계를 인식하고 다르게 느끼더라도 기꺼이 이해하고 수용하는 단계가 바로 '올바른 공감'이라고 생각하니까요. 타인의 다름을 인정하는 유연함, 그것은 복잡하고도 다양한 현대사회를 살아가기 위해서라면 필수로 가져야 할 태도입니다.

공감과 내로남불은 한 끗 차이

몇 년 전 한 법무부장관의 자녀 입시와 관련된 내용이 사람들의 입에 오르내렸습니다. 장관의 자녀는 외국어고등학교를 다니던 중 '학부형 인턴십'을 통해 모 대학 의과학연구소에서 연구에 2주간 참여한 후 SCIE급 논문에 1저자로 이름을 올린 것으로 밝혀져 논란이 되었습니다. 여기에 책임저자가 1저자의 이득을 위해 신경을 쓴 정황이 밝혀진 데다 대학원에 다니면서 자격이 부족한데도 장학금을 지급받은 사실까지 알려지면서 인기가 높던 법무부장관의 지지도는 급격하게 떨어졌습니다.

이를 두고 수많은 청년과 학부모가 입시와 취업에서 불공정이 반복되는 사회에 분노를 느꼈습니다. 일부 계층의 특혜를 비판하고 공정한 사회를 주장하던 장관이었던 만큼 그의 자녀가 공정하지 않은 기회를 활용해 입시에서 이득을 취한 사실이 드러날 때마다 제한된 기회를 얻기 위해 노력하는 보통 사람들의 박탈감은 컸을 것입니다. 반대편에서는 유명인을 아버지로 둔 사람들이 장관의 딸이 겪었을 두려움과 고통에 다른 사람보다 더 크게 공감했습니다. 비슷한 나이대의 자녀를 둔 사람은 자식까지 이렇게 낱낱이 파헤쳐야 하느냐며 동정의 눈길을 보내기도 했습니다. 한 정치인 자녀의 입시비리를 두고 이토록 갑론을박이 팽팽했던 적은 없는 것 같습니다.

그런데 이 갈등이 2022년에 또 다른 법무부장관의 자녀 문제가 표면에 드러나면서 다시 반복되었습니다. 한쪽에서는 방과후 활동과 소논문을 만들어내느라 고생했을 자녀의 입장에 공감했고, 다른 한쪽은 불공정한 입시경쟁이라며 비판했죠. 아마 이러한 갈등은 앞으로도 계속 반복될 것입니다. 공감이란 같은 편에 있어야 가능하기 때문이지요.

갈등은 경험의
차이에서 시작된다

인간의 마음에는 기본적 귀인 오류fundamental attribution error

4장. 다양한 인생살이 속 세상물정의 심리학

가 내재되어 있습니다. 귀인이란 행동의 원인을 찾는 것을 뜻하는데, 내가 늦는 이유는 급한 일이나 기상 악화 같은 주변 상황 탓이고, 남이 늦는 이유는 성실성 부족 등 그 사람 자체의 문제라고 생각하는 경향을 말합니다. 한 실험에서 실험 참가자들에게 난폭운전을 떠올리게 하고 왜 난폭운전을 했을지 말해달라고 했습니다. 참가자들은 운전자를 자신이라고 상상할 경우 자녀가 아파 응급실에 가야 하는 등 피치 못할 사정 때문에 과속하는 것을 떠올렸습니다. 반대로 타인을 운전자로 상상할 경우 성질 급한 운전자를 떠올렸습니다. '내로남불'은 이렇게 쉽게 발생합니다.

다시 말해 기본적 귀인 오류는 다른 사람의 잘못된 행동이나 실수의 원인을 그 사람의 성향이나 성격 때문이라고 하면서 정작 나의 잘못된 행동이나 실수는 어쩔 수 없는 상황 때문에 일어났다고 하는 것입니다. "내가 하면 로맨스 남이 하면 불륜"이라는 표현이나 "나는 복잡하게 좋은 사람, 타인은 단순하게 나쁜 사람"이라는 한 문학평론가의 문장은 이런 현상을 잘 설명해줍니다.

이러한 마음의 원리에 비추어볼 때 사람은 비슷한 경험을 해야 아픔에 더 크게 공감합니다. 실제로 다른 사람의 처지를 이해하고 해결하기 위해 애쓴 경험이 별로 없는, 권력이 있고 지위가 높은 사람은 대체로 공감 능력이 낮다고 합니다. 그래서 정치인을 향한 대중들의 실망이 계속 이어지는 걸까요? 2020년, 이천 화재사고 합동분향소를 방문한 총리 출신의 정치인은 유족들이 제도 개선을 요구하자 "현직이 아니라 유족들의 요구를 책임질 수 없다"는 이야기를 반복했다고 합니다. 가족을 잃고 깊은 슬픔에 빠져 있는 유족들에게 거짓으로 약속할 수도 없으니 그 정치인도 난감했을 것입니다. 하지만 "이번 기회에 법을 바꿔달라"라고 말하는 유족들에게 "지금은 국회의원이 아니라 일반 조문객으로 왔다"라고 하니 유족들은 더욱 화가 치밀 수밖에 없죠. 유족들의 마음을 헤아려서 '현재는 총리가 아니라 부족하겠지만 최선을 다해 대책들을 알아보겠다'라고 말하지 않은 것이 아쉽습니다.

편협함을 벗어나는 다양한 경험

공감은 참 어렵습니다. 연령대나 성별이 같다고 해도 사람들은 각자 타고난 성향과 살아온 경험에 따라 매우 다른 생각을 하니까요. 가족을 잃은 경험이 더 보편적이기에 유족들의 입장에 공감하는 사람이 많았지만, 지위로 인해 난감한 요구를 경험한 적이 있어 합동분향소를 방문한 정치인에게 공감한 사람도 있었던 것처럼요.

　다행인 것은 이 공감 능력이 타고나는 것이 아니라 배우고 익히는 습관이라는 사실입니다. 공감 능력을 키우기 위해서는 다양한 사람을 열린 마음으로 만나보는 것이 가장 좋습니다. 하지만 낯선 사람과의 만남을 계속 시도해보기란 현실적으로 어려운 일입니다. 이때는 간접 경험을 추천합니다. 심리학 책을 읽는 방법도 있지만, 소설이나 영화에서 인물들을 어떻게 묘사했는지 다양한 각도에서 살펴보는 것도 좋습니다. 상황에 따라 등장인물이 어떻게 다르게 행동하는지 관찰하는 것은 재미도 있거니와 나와 남을 이해하는 데도 도움이 됩니다.

　예컨대 옆집에 사는 사람이 한때 도둑이나 매춘부였다면 일단 꺼려지는 것은 당연합니다. 그런데 우리는 영화 〈레미제라블Les Miserables〉을 볼 때 장발장과 판틴에 대해 그렇게 생각하지 않습니다. 마치 내가 직접 겪은 것처럼 그들의 상황을 이해합니다. 또한 군대에 가지 않은 사람이 군대 내 폭력 피해에 대해 공감하기란 쉬운 일이 아닙니다. 하지만 드라마 〈D.P〉를 보면 군대 내 폭력이 여전히 심각하다는 사실에 공감할 수 있습니다. 잘 쓰여진 이야기를 통해 다른 사람의 입장에 처하는 연습을 하고 나의 관계의 범위를 확장해나가는 것입니다.

한 방송에서 스타 요리사의 연인으로 등장한 프리랜서 PD가 과거 학교폭력 논란에 휩싸이면서 프로그램에서 하차하는 일이 벌어졌습니다. 요리사와 PD가 동시에 사과문을 올리며 "사실 여부를 떠나"라는 표현을 쓴 데다 추가 피해 폭로가 나와 비난이 이어졌습니다. 이 밖에도 태어날 아기의 피부색을 언급하며 차별한 것이 알려지면서 이미지가 추락한 영국 왕실, 면접에서 성차별을 당했다는 폭로로 판매가 급락한 제약회사 등의 이야기를 들으면서 이제는 공감 능력이 복잡한 현대사회를 슬기롭게 살아가기 위한 필수 기술이라는 생각을 해봅니다.

저 역시 공감 능력이 떨어지는 사람은 연구실에 받지 않습니다. 내가 힘든 것이 싫은 만큼, 나의 행동이 남을 힘들게 하는 것은 아닌지 생각해보지 못하는 사람은 아무리 실력이 뛰어나도 팀의 성과에 방해가 됩니다. 위의 프리랜서 PD 역시 전혀 기억에 없는 일이라 해도 학교폭력으로 힘들었을 피해자에게 안타까움을 표현하고 개인적으로 만나 오해를 풀어보자고 제안했다면 여론이 조금은 더 좋지 않았을까 생각해봅니다. 지능도 잘 쓰여야 남과 나에게 유용하듯이 공감도 마찬가지입니다.

정신건강의학과
전문의가 권하는
유연함의 기술

공감도 이제는 삶의 기술입니다.
다양성의 시대에 나의 공감이 다른 사람에게
그리고 다른 사람의 공감이 나에게 편협하게 보이지 않도록
경험을 확장하여 공감을 연습해야 합니다.

건강한 분노와 불만의 조건

2020년 여름방학에 처음으로 교내에서 코로나19 확진자가 발생했습니다. 격리 중인 해외 입국자 부부가 확진 판정을 받고 다음 날 한 명이 추가로 양성 판정을 받았습니다. 마침 대규모 감염이 서울의 대형 집회와 교회에서 시작해 전국으로 확산하는 추세에서 상대적으로 안전하다고 느꼈던 울산과 교내의 분위기도 어수선해졌습니다. 특히 이 부부는 확진을 받기 이전에 격리 기간 동안 무단이탈을 했기 때문에 방역당국의 조치만 기다릴 수 없었던 학교는 연휴 내내 비상근무로 대응해야 했습니다. 다행히 교내에 추가 감염자는 없었고 방역당국으로부터 재차 확인을 받은 뒤에 상황은 마무리되었습니다.

하지만 이제까지 외부인의 출입이 적어 안전하다고 생각한 학생들은 많이 놀랐습니다. 전국 뉴스에 학교의 이름이 오르내렸으니 당연한 반응일 수도 있습니다. 기대하던 행사들이 취소되거나 축소되어서 그 실망감 역시 매우 컸겠지요. 정확한 사실을 확인하지 않고 비난해서는 안 된다고 문제를 제기하는 학생들도 있었지만, 확진자의 동료를 통해 사실과 가정이 섞인 과장된 소식이 전해지면서 '담당' 직원에 대한 비난과 함께 확진자 부부의 국가에 대한 혐오 표현이 거세졌습니다. 외국인과의 경험이 불쾌했다며 학교가 외국인을 받지 말아야 한다는 주장도 나왔습니다. 고의로 언론을 통제한다는 음모론도 있었습니다. 모두 엘리트라 일컬어지는 대학생들의 목소리입니다.

매일 서너 명의 입국자가 격리되고 안전을 확인받은 뒤에야 함께 생활했으니 교내에는 이미 수백 명의 격리자가 있었습니다. 여기에는 학생, 연구원뿐 아니라 출장, 연구년을 마치고 돌아온 내외국인 교수들도 있었지요. 그 많은 인원 중에서 2020년 여름방학까지 확진자가 나오지 않았을 뿐입니다. 게다가 CCTV에 찍힌 영상을 보면 교내에서 첫 확진자가 나오기 전까지 마스크를 쓰지 않은 학생도 많았습니다. 외부의 침입은 막은 채로 나만 안전하게 살 수 있다는 생각을 했던 것이죠.

'담당' 직원은 존재하지도 않았습니다. 여러 사람이 나누어 관련 업무를 맡았으니 담당 직원을 찾아내서 징계해달라는 학생들의 요구는 마치 유령을 찾는 일과 같았습니다.

혐오와 비난으로는
해결할 수 있는 것이 없다

모든 확진자의 동선이 공개되던 코로나19 초기를 기억하시나요? 인터넷에는 분노한 사람들이 확진자의 신상 공개를 요구하기도 했습니다. 직장이 노래방인 사람에게 '이 시국에 노래방을 제 집처럼 들락거렸다'고 비난하기도 하고, 대구에 방역 지원을 갔다 온 공중보건의의 숙소에 연락도 없이 들이닥쳐 방역 가스를 뿌리기도 했습니다. 2015년 메르스 때도 치료진이 기피의 대상이 되며 그들의 자녀들이 등교를 거부당하는 씁쓸한 일이 있었습니다. 공포가 분노와 혐오로 변신한 것입니다.

교내 학생들도 마찬가지입니다. 혐오와 거센 비난이 난무하게 된 기저에는 조금이라도 정보를 더 얻어 어떻게든 감염을 피하고 싶은 마음이 있었을 것입니다. 왜 확진자를 초기에 발견하지 못했는지, 어떻게 확진된 부부가 학교를 나갈 수 있었는지, 혹시 행정상의 누락이 있었던 것은 아닌지, 누군가의 실수 때문에 이런 일이 발생한 것은 아닌지, 그렇다면 그를 처벌할 수는 없는지 등을 알고 싶었겠지요. 하지만 개인정보와 인권을 보호하면서 이런 궁금증에 일일이 답변하기란 쉬운 일이 아닙니다. 그렇다 보니 해소되지 못한 궁금증이 쌓이고 쌓여 있지도 않은 담당 직원을 찾아내라는 요구로 이어진 것이 아닐까 합니다.

갑자기 들이닥친 일상의 변화는 스트레스를 유발하고, 극심한 스트레스가 이어지면 분노를 느끼기도 합니다. 게다가 간단히 해결될 수 있다고 생각했던 문제가 자신의 삶에까지 영향을 끼치면 그 분노는 더욱 커집니다. 이때 쏟아내는 비난과 혐오는 비과학적이고 비논리적인 사고를 동반하기 때문에 오히려 공동체가 힘을 합쳐 이성적으로 해결책을 찾는 것을 방해하지요. 감염병 확산의 예방책을 찾는 일이 시급할 때인데, 사람들은 감염 확산의 진원지가 된 종교의 선악을 따지기 바빴습니다. 코로나 19 발생 초기에 중국 입국자를 제한했다면 이런 일이 생기지 않았을 거라며 불만을 드러낸다고 해서 바뀌는 것은 없죠. 이러한 행동은 일시적인 분풀이조차 되지 못합니다.

무엇보다 혐오 표현은 듣는 사람뿐만 아니라 사회의 건강에도 악영향을 줍니다. 방학이 끝나자 상담센터에 학교 익명게시판을 보다가 우울해졌다는 학생이 왔습니다. 혐오 표현이 가득 찬 글을 멀리하느라 정작 게시판에 공고된 간담회 개최 소식을 읽어보지 못한 학생도 있었습니다. 누군가를 향한 혐오와 차별이 사회집단 전체의 스트레스를 키우는 것입니다.

불만과 분노는
구체적으로 표현할 수 있어야

우리는 당연한 권리를 빼앗겼다고 느끼면 화가 납니다. 한 실험실에서 두 원숭이에게 각각 오이와 포도를 줬습니다. 먼저 오이를 잘 받아먹던 원숭이는 옆 우리의 원숭이가 포도를 받는 것을 보자 화를 냈습니다. 맛있게 먹던 오이를 집어던지며 철창을 흔들었지요. 나도 똑같이 포도를 받아야 한다는 생각에 화가 난 것입니다. 인간사회에서도 비슷한 일이 일어납니다. 자신의 요청을 들어주지 않았다고 배달앱 리뷰 창에 욕설을 올리거나 병원 응급실에서 자신이 더 급하다고 물건을 집어던지며 의료진을 위협하는 경우도 있습니다.

자신이 피해자라는 생각이 들면 화가 나고 속이 상하는 것은 자연스러운 반응입니다. 하지만 사회를 향한 실망과 분노를 잘 다스려야 내가 원하는 것이 받아들여질 수 있고, 더 나은 사회를 만들 수 있습니다. 그러기 위해서는 먼저 실망할 일과 화를 낼 일을 구분해야 합니다. 적절한 요구가 어떤 것일지 현명

4장. 다양한 인생살이 속 세상물정의 심리학

하게 생각해야 하는 것입니다.

예컨대 내가 먹고 맛없다고 생각한 그 식당의 메뉴가 다른 사람의 입맛에는 잘 맞았을 수도 있습니다. 맛이 없다면 찾는 사람이 없겠죠. 누군가의 취향에 맞춰야 하는 문제라면 소금을 줄여 덜 짜게 해달라는 정도의 간단한 요구를 들어줄 수 있는지 물어보거나, 받아들여지지 않는다면 다른 식당에 주문하면 됩니다.

반면에 당연한 약속이 지켜지지 않는 경우에는 내가 실망하게 된 불편 사항을 구체적으로 표현할 수 있어야 합니다. 예를 들어 번번이 약속시간에 늦는 친구에게 "늦으면 내가 기다려야 하잖아"라고 말하거나, 돈을 빌리고 갚지 않는 친구에게 "네가 돈을 안 갚으면 나도 빌려야 해"라며 직접 나의 불편을 표현할 줄 알아야 합니다. 교내에 확진자가 발생했을 때도 안전감을 잃어 실망했겠지만 규정을 만들고 잘 지켜지도록 노력한 직원들에게 화를 내봤자 도움이 되지 않습니다. 오히려 방역 당국의 안내와 학교 규정을 따르지 않은 개인에게 따져 물어야 합니다. 혹시 규정 위반에 대한 조치가 특정인에게만 면제된다면 그것 또한 확인하고 구체적으로 개선을 요구해야 하고요. 식당이 허위광고를 게재하거나 식품위생법을 위반하고 있다면 관련 부서에 민원을 제기해야 합니다. 공동체에게 좋지 않은 일을 개선하라고 요구하는 것은 오히려 칭찬받을 일입니다.

물론 이해관계가 복잡한 현대사회에서는 나의 요구 사항이 받아들여지지 않아도 감내해야 할 때가 있습니다. 예컨대 외국에 전세기를 보내 의료자원을 지원하면 막상 국내에서 필요할 때 의료자원이 모자라지 않을까 걱정할 수 있습니다. 그런데 현지에서 어려움을 겪는 당사자뿐 아니라 고국에서 걱정하는 그들의 가족을 생각하면 어느 쪽이 정답인지 알 수가 없습니다. 내 의견과 동일한 결정이 내려지지 않더라도 다른 쪽의 선한 가치를 위한 일일 수 있으니까요. 이런 애매한 고민은 의견을 내어 당국의 검토를 이끌어내는 정도가 최선일 수도 있습니다.

사람들은 내 주변에 모두 나와 생각이 같은 사람들만 있기를 기대하지만 이는 현실적으로 불가능한 일입니다. 그래서 매번 기대와 다른 현실을 만날 수밖에 없고 그 결과 불편함을 느끼지요. 이때 스트레스를 느끼지만 무탈하게 넘기는 사람들은 권리를 빼앗겼다는 생각이 들면 불만을 구체적으로 말합니다. 자신의 요구가 받아들여질 수 없는 것이 정당한 상황이라면 유연하게 인정하고요. 건강한 나에게는 작은 불편이지만, 다른 누군가에게는 큰 도움이 될 수 있는 상황일 테니까요. 결국은 나의 감정을 알고 타인을 공감하는 문제입니다. 나를 알고 경험을 확장하는 것이 복잡한 세상을 살아가는 최선의 길인 이유입니다.

화는 내는 것만으로는 문제를 해결할 수 없습니다.

불만과 분노를 구체적으로 표현할 수 있어야

건강한 감정 경험으로 이어지고, 사회에도

긍정적인 영향을 끼칩니다.

완벽한 피해자는 없다

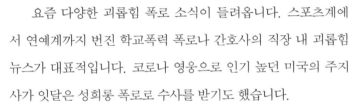

요즘 다양한 괴롭힘 폭로 소식이 들려옵니다. 스포츠계에서 연예계까지 번진 학교폭력 폭로나 간호사의 직장 내 괴롭힘 뉴스가 대표적입니다. 코로나 영웅으로 인기 높던 미국의 주지사가 잇달은 성희롱 폭로로 수사를 받기도 했습니다.

저를 찾아오는 사람들 중에도 다양한 피해 상황에 처한 경우가 많습니다. 저는 사건 자체보다는 그로 인한 피해자의 아픔에 공감하고 정상적인 생활로 복귀시키는 데 집중합니다. 반면 교내에서 사건이 일어났을 때는 위원회에도 참석하게 되는데, 이때는 가해자와 피해자의 증언과 증거를 통해 사건을 분석합니다. 그러고는 어떻게 하면 피해를 최소화할 수 있을지, 가해자가 잘못을 뉘우치게 할지, 재발을 방지하려면 어떤 변화가 필요할지에 관해서 의견을 나누고 해결책을 제시하죠.

학교에서 일어나는 사건들 중 대다수는 충격적인 뉴스를 자주 접한 사람들에게는 대수롭지 않게 여겨질 수준입니다. 폭행, 성추행, 절도, 해킹, 위조, 기물파손, 명예훼손이라는 엄청난 죄명을 붙여 신고를 하지만, 실제 내용은 길에서 주운 카드로 식권을 사거나 시험 부정행위 등이 대부분이니까요. 때로는 돈을 돌려받은 피해자가 선처를 호소하기도 합니다. 실제 재판에 부쳐지면 기소유예나 증거 불충분으로 처리될 만한 사건이 대부분입니다.

하지만 피해자가 커다란 상처를 안고 괴로워하는 것은 마찬가지입니다. 당시 사건을 떠올릴 때마다 우울하고 잠을 이루지 못하지요. 가해자를 마주하면 불안해하면서도 가해자가 제대로 사과하지 않는 모습에 분노를 느끼기도 합니다. 심하면 가해자가 세상에서 사라지면 좋겠다는 생각도 합니다. 어떤 사건이 발생하면 사건이 가볍든 무겁든 일상이 무너지는 쪽은 피해자입니다. 사건 그 자체를 경험해서도 그렇지만 대부분의 환경이 피해자를 힘들게 만들기 때문입니다. 특히 가해자와 피해자가 첨예하게 대립하는 폭행과 성폭력 사건의 경우가 더욱 그렇습니다.

힘들 수밖에 없는 것이
피해자

폭행과 성폭력 사건은 가해자와 피해자의 기억이 다르고 증
거가 불명확한 경우가 많습니다. 그래서 피해자는 신고를 해야
할지 고민합니다. 신고를 하고 나서 어렵게 성취한 일, 기회, 인
간관계 등이 무너질까 봐 두렵고 자신의 미래나 가족이 걱정되
기 때문이지요.

바로 신고를 한다고 해도 상황은 쉽지 않습니다. 싫은 기억
을 떠올리며 힘들게 조사를 받았는데 언제 결과가 나올지 한없
이 기다려야 합니다. 피해자는 증거를 제대로 남겨놓지 못한 자
신이 밉고 타인의 시선에 예민해집니다. 걱정이 많은 표정을 숨
기지 못해 사람들이 나를 피하는 것만 같고, 힘을 짜내 평온한
척하면 얼굴도 두껍다며 손가락질하는 것 같습니다. 이때 고민
을 털어놓은 사람에게 공감을 받지 못하면 마음이 더 힘듭니다.
심지어 사건 이후에 웃는 모습, 잘 지내는 모습을 보였다는 이유
하나만으로 '덫을 놓고 원하는 것을 얻지 못해 보복하는 사람'
취급을 받는 피해자도 있습니다.

가해자가 자신의 잘못을 반성하지 않는다면 상황은 더욱 힘
들어집니다. 이런 가해자는 자신으로 인해 상대방이 괴로움을

겪었다는 사실을 인정하기는커녕 자신과 상대가 그 사건 이전에 잘 지내는 사이였다는 증거를 찾는 데 골몰합니다. 그전에도 신체 접촉이 있었는데 피해자가 거부하지 않았으며 이번 사건은 전보다 수위가 조금 높았을 뿐이라거나 사건 후에도 친밀하게 지냈다는 자신의 주장을 입증하려 증거들을 찾아 반박합니다. 피해자가 무언가를 얻어낼 의도로 협박하는 것이라거나 다른 일에 대한 불만으로 보복하는 것이라고 주장하기 위해서 말이지요. 이에 더해 가해자와 가까운 사람들의 시선도 가혹합니다. 그들은 탄원서에 가해자의 각종 미덕을 늘어놓는 것으로도 모자라 피해자의 단점까지 적는 등 가해자의 뻔뻔한 주장에 동조하기도 합니다.

사람들은 '완벽한 피해자'의 모습을 그려놓고 거기에 딱 들어맞지 않으면 각종 음모론을 만들어냅니다. 사건 이전에야 당연히 친하게 지냈을 수 있죠. 함께 일하는 동료, 선후배 사이, 친구였을 수도 있으니까요. 사건이 일어난 후에도 둘이 포함된 집단의 안정을 위해 자신만 참으면 된다고 생각하며 불편을 감수했을 수도 있습니다. 그러한 모습들을 어떻게 '원하지 않는 신체접촉'의 반박 증거로 삼을 수 있을까요?

이 사회에서 완벽한 피해자란 없습니다. 중요한 것은 '피해자의 동의 여부'입니다. 동의하지 않은 상황에서 신체 접촉을 받고 수치심을 느낀 사람이 있다면, 그 사람은 가해자와 어떤 관계였다고 하더라도 피해자가 맞습니다. 많은 가해자가 그 직전 수준의 신체 접촉에서 조금 더 나아가는 것은 문제가 없다고 생각합니다. 거부하지 않았기 때문에 동의한다고 생각하는 것입니다. 하지만 가해자가 직위가 높아서, 힘이 더 세서 표현하지 못한 것은 아닐까요? 상하관계가 아니더라도 분위기가 어색해지는 것을 피하기 위해 거부하지 못하는 경우도 있습니다. 동의하지 않을 기회가 충분히 있었다면 피해자는 분명 표현했을 것입니다.

그래도 적극적으로 대처해야 한다

인간은 다른 인간을 다양한 방법으로 괴롭힐 수 있습니다. 물리적 폭력을 쓸 수도 있고 언어로 괴롭힐 수도 있습니다. 무리에서 따돌리기도 하고 금전적 불이익을 주거나 심부름을 시킬 수도 있습니다. 요즘은 학교폭력도 교묘해져서 상처나 멍이 드러나지 않도록 때리는 등 증거를 남기지 않는 수법이 늘었다고 합니다. 그렇다 보니 가해자들에게 정당한 처벌을 하기가 더 어려워지는 것 같습니다.

하지만 그동안 피해자의 마음에는 상처가 쌓이고, 이는 불안, 우울, 무기력 등으로 이어져 일상생활을 제대로 하지 못할 수 있습니다. 세월이 흐르는 동안 잊혔다가도 가해자의 소식을 들을 때면 과거의 상처가 고스란히 되살아나지요. 오래전에 상처를 입은 피해자가 찾아와 고통을 호소할 때면 얼마나 억울하고 힘들어서 시간이 한참 지난 일들을 잊지 못할까 싶습니다. 그렇기 때문에 피해 경험이 있다면 최대한 빠르게 적극적으로 맞서는 것이 좋습니다. 바로 항의할 수 없다면 증거를 모아두고 내 편이 되어주는 사람과 상의하세요. 친구나 가족에게 말하기 어렵다면 전문가를 찾는 것도 좋은 방법입니다. 적어도 적극적으로 맞설 문제인지, 속에 쌓인 응어리만 풀고 넘어갈 작은 문제인지 판단하는 데 전문가가 도움을 줄 것입니다. 상대에게 사과를 받아내기가 쉽지 않다면 나의 상처를 안전하게 회복할 수 있는 방법을 찾는 데도 전문가의 도움을 받을 수 있습니다.

물론 피해자라고 주장하는 사람이 모두 실제 피해자는 아닙니다. 사이코패스 같은 가해자가 있는 것처럼, 있지도 않은 피해 사실을 만들어내는 성격장애 환자도 있습니다. 그렇지만 그 정도의 성격장애가 있는 사람은 소수이며 무엇보다 우리가 초점을 맞춰야 할 부분은 피해 사실입니다. 그러니 주변에서 아픔을 호소한다면 외면하지 않고 들어주길 바랍니다. 한 연예기획사에서 피해자를 만나 양쪽의 말을 경청하고 사과하는 노력을 한 것이 훌륭한 사례입니다. 피해자에게 필요한 것은 가해자의 몰락이 아니라 자신의 상처에 대한 공감입니다. 내가 괴롭힘을 목격했을 때 그 자리에서 직접 돕지 못하더라도 피해자를 지지한다는 뜻을 보여주면 피해자에게 큰 힘이 됩니다. 누군가를 돕는 행동은 자신의 정신건강에도 도움이 됩니다.

겉으로는 사건이 전혀 발생하지 않는 것처럼 보이는 사회가 실제로 안전한 곳은 아닐지도 모릅니다. 신고하기 쉬운 사회, 가해자가 정당한 처벌을 받는 사회, 피해자가 보호를 받는 사회가 안전한 곳입니다. 사회 구성원 모두가 자신도 피해자가 될 수 있다는 것을 명심하고 피해자가 보호받는 사회가 되길 바랍니다.

정신건강의학과
전문의가 권하는
유연함의 기술

트라우마에 시달릴 정도로 큰 사건을 겪은 피해자들을
둘러싼 상황은 좋지 않습니다. 그런 힘든 상황에서도
능동적으로 대처하기 위해 겨우 용기를 내는 피해자들이
있습니다. 이들을 바라보는 프레임이 건강해지기를 바랍니다.

아무리 가까운 사이여도
감정 전염을 조심하라

모르는 사람에게도 멋진 모습을 보여주고 싶은 것은 자연스러운 욕구입니다. 하물며 가까운 사람에게는 어떨까요? 좋은 모습만 보여주고 싶을 뿐만 아니라 그 사람이 힘들다면 기꺼이 도움을 주고 싶을 것입니다. 이 과정에서 사람은 여러 감정을 경험하게 됩니다. 직장 상사 때문에 힘들어하는 사람의 괴로움, 부모로부터 독립하지 못한 사람의 우울감 등 가까운 이들의 부정적인 감정에 오래 노출되다 보면 도와주는 사람 역시 비슷한 감정을 느끼게 됩니다. 감정 전염이 발생하는 것이지요.

상대방과 짧은 기간 동안 자신이 감당할 수 있는 수준의 감정 전염은 일상생활에서 자연스럽게 해소되는 경우가 많습니다. 하지만 준비 없이 긴 시간 상대의 부정적인 감정들을 나누

4장. 다양한 인생살이 속 세상물정의 심리학

게 되면 나의 감정을 회복하는 데 시간이 걸립니다. 몇 년 동안 억눌려 있던 친구의 불만을 하루종일 듣거나 엄마의 불만을 잠깐씩이라 해도 몇 년 동안 들어주는 것은 쉬운 일이 아닙니다. 그들과 물리적으로 떨어져 있어도 나 역시 얼마 간의 시간 동안은 비슷한 수준의 불만과 스트레스를 느끼며 감정을 조절하는 데 어려움을 느끼게 되지요.

실제로 친구의 우울감에 동화되는 일이 자주 발생하거나 자신이 점차 엄마의 감정 쓰레기통이 되어버리는 것 같다는 이유로 저를 찾아오는 사람들이 있습니다.

"우울증을 가진 친구를 만나는 날은 하루 종일 우울합니다. 그 친구를 만나지 않고 며칠 지나면 괜찮아지는 것으로 보아, 제게 우울증이 있지는 않은 것 같아요. 그렇다고 친구를 내버려둘 수도 없어요. 친구를 만날 때마다 어떻게 해야 좋을까요?"

"엄마가 힘든 일이 있을 때마다 저에게 전화를 해서 하소연을 해요. 저도 시험과 과제로 바쁜데, 전화를 받지 않으면 하루에 네다섯 통씩 부재중 전화를 남기기도 해요. 외면할 수는 없는데 어떻게 해야 좋을까요?"

나를 지키면서
베푸는 사람이 성공한다

해결되지 않은 부정적인 감정은 나의 내면에서 발현되지 않았더라도 켜켜이 쌓이다 보면 나중에 더 나쁜 형태로 분출하게 됩니다. 그래서 힘든 감정은 다른 사람에게 전가하거나 일방적으로 받아주는 것이 아니라 함께 손을 잡고 해소하는 것이 좋습니다. 경영사상가 애덤 그랜트Adam Grant는 베스트셀러 《기브앤테이크Give and Take》에서 사람을 다음 세 가지 유형으로 나눴습니다. 더 많이 베푸는 기버giver, 더 많이 받기를 원하는 테이커taker, 받은 만큼만 되돌려주는 매처matcher. 사업가, 전문직, 영업사원 등 다양한 직종에 종사하는 사람들을 조사한 결과 가장 성공한 유형은 기버였습니다. 그러나 가장 실패한 유형도 기버였습니다. 둘의 차이는 '테이커로부터 자신을 보호할 수 있느냐'입니다. 상냥한 사기꾼에게 또는 불쌍해 보이는 거짓말쟁이에게 휘말리면 끝없이 퍼주다 나락으로 추락하고 맙니다.

실패한 기버가 되지 않기 위해 우리는 아무리 가까운 사이더라도 감정이 전염되지 않을 최소 방어선을 만들어야 합니다. 먼저 우울한 사람이 가지는 생각의 고리에서 비롯된 표현들을 하나하나 의미를 담아 받아들이기보다 증상으로 이해해야 합니다. 그리고 적절한 거리를 유지하여 자신을 보호해야 합니다. 본인이 내어줄 수 있는 마음의 여유가 어느 정도인지 스스로 파악하고, 상대방에게 그것을 알려줘야 하는 것입니다.

친구에게 : "네가 힘들어하는 것 같아 도움을 주고 싶은데 어떻게 도와야 할지 모르겠어. 무작정 너의 말을 들어주기만 하는 것도 도움이 되지 않는 것 같아서 무력감까지 들어. 지금은 어렵지만 내가 기력을 찾아서 너를 도와줄 수 있을 때 만나는 것이 좋을 것 같아."

엄마에게 : "엄마, 오늘은 제가 조 모임이랑 팀 과제가 있어서 통화하기가 어려울 것 같아요. 바빠서 마음에 여유가 없는데 시간 될 때 제가 전화해도 될까요?"

공감은 상대방의 상황과 감정을 완전하게 수용하는 것이 아닙니다. 상대방이 부정적 감정을 표현할 때, 돕고 싶은 마음을 충분히 표현하되 그런 말과 행동이 나에게 어떻게 받아들여지고 있는지를 충분히 알려주는 것도 필요합니다. 그것이 건강한 공감입니다.

가까운 관계에도 필요한
팃포탯 전략

가까운 사람이 힘들어할 때 무조건 손을 내밀지 않고 적절하게 거리를 유지하는 것은 익숙하지 않으면 죄책감이 들 수 있습니다. 상대도 불만을 표현할 수 있고요. 하지만 눈앞의 불편함을 피하려다 적절한 거리를 유지하지 못하고 결국은 더 큰 문제가 생길 수 있음을 기억하세요. 심한 감정 전염은 나의 감정 조절을 어렵게 만들고 일상의 균형을 무너뜨릴 수 있습니다. 극단적으로는 친구의 우울장애를 무조건적으로 도와주다가 나 역시 우울장애가 생길 수도 있는 것이지요. 그런데 상대가 적절한 거리를 받아들이지 못한다면 나는 어떤 선택을 하는 것이 좋을까요?

심리학에서 유명한 '죄수의 딜레마^{prisoner's dilemma}'를 생각해봅시다. 공범으로 의심되는 두 명을 분리하여 조사합니다. 둘 다 자백하지 않으면 6개월만 징역을 살면 됩니다. 둘 다 자백하면 양쪽 다 3년씩 갇혀 있어야 합니다. 여기까지는 서로 협조적일 것이라 기대하고 자백하지 않는 것이 유리해 보입니다. 그런데 한쪽만 자백했을 때 자백한 사람은 바로 풀려나고 자백하지 않은 사람은 10년을 갇힌다고 해봅시다. 나로서는 자백을 하는 것이 유리합니다. 협조를 기대한 상대를 배신한다면 바로 풀려날 수 있지요. 서로 배신해서 둘 다 3년씩 갇힐 수도 있지만 적어도 배신당하고 혼자 10년을 갇히는 일은 없습니다. 서로 협력해서 6개월씩만 갇히는 것이 최선이지만, 상대가 협력할지 모르는 상황이기 때문에 내게 유리한 선택을 할 수밖에 없습니다.

이럴 때 어떤 전략으로 대처하는 것이 가장 큰 이익을 가져다줄지를 놓고 세계적인 수학자, 정치학자, 경제학자, 심리학자들이 대결을 펼쳤습니다. 최종 승리자는 '팃포탯Tit-for-Tat'이라는 매우 간단한 전략이었습니다. "협력을 제안하고 상대가 받아들이면 지속한다. 상대가 배신하면 나도 대응한다. 언제든 상대가 협력을 제안하면 배신하지 않는다." 이 방법은 관대하거나, 욕심을 부리거나, 확률을 계산하는 여러 변형된 전략들보다 더 큰 성과를 거뒀습니다.

내가 제안한 적절한 거리를 상대가 받아들이지 못한다고 해서 상대의 요구를 그대로 들어준다면 나는 스스로를 지키는 기버가 되지 못합니다. 관계 문제는 워낙 다양하고 복합적이지만 아주 시급한 문제가 아니라면 우선 스스로를 보호하고 상대방에게 할 수 있는 만큼의 도움만 주는 것이 좋습니다. 그래야 내가 침몰하지 않고 관계를 오랫동안 건강하게 유지할 수 있습니다. 가까운 사이에서도 팃포탯 전략을 잊지 마세요.

정신건강의학과
전문의가 권하는
유연함의 기술

가까운 사이에도 감정 전염을 막는
최소한의 방어선이 필요합니다. 나를 지키면서 도와주어야
오래도록 건강한 관계를 유지할 수 있습니다.

잘 사는 부부들은
어떻게 갈등을 해결할까?

　인터넷에는 결혼생활이나 연애관계에서 생기는 갈등을 다루는 글이 많습니다. 예컨대 연애 경험이 많지 않은 남자가 오랜 노력 끝에 경제적 안정을 이루고 짧은 연애 후 결혼했는데 전업주부인 아내가 자신에게 애정표현은 하지 않으면서 집안일을 과도하게 떠넘기고 경제적으로도 불평등한 상태가 됐다는 이야기는 흔할 정도입니다. 결혼을 준비하는 과정에서 점점 요구사항이 많아지고 선을 넘는 것 같은 예비 남편 이야기, 시어머니와 시누이의 괴롭힘에 지쳐 이혼을 망설이는 이야기 등 보다 보면 실제로 일어난 일인지 의문이 드는 게시글들이 인터넷에 있습니다. 그리고 그런 글들에는 꼭 '여자들은 왜 그러는지 모르겠다' 또는 '남자들은 믿으면 안 돼'라는 댓글들이 달립니다. 주어가 그 사람이 아니라 남자들, 여자들인 것입니다.

시간이 갈수록 남녀갈등이 점점 극심해지는 듯합니다. 예전에는 결혼생활과 연애관계에서 흔하디흔한 갈등으로 보던 것에도 남녀문제라는 프레임을 씌우고, 심지어는 그와 전혀 관련이 없을 것 같은 사안에도 남자, 여자를 들먹이며 남녀갈등으로 초점을 옮기는 것이 일상입니다. 비슷한 문제를 겪는 사람들의 이야기를 들어보면 그렇게 생각할 수밖에 없구나 하고 고개가 끄덕여지기도 하지만, 한편으로는 개인의 일로 초점이 맞춰져야 하는 사안에 성별을 대표한다는 프레임을 씌우니 안타깝기도 합니다.

결론부터 이야기하자면 저는 대부분의 남녀문제가 남성 또는 여성 한쪽의 문제가 아니라 대인관계에 서툰 사람들끼리 만나서 발생하는 안타까운 결과라고 생각합니다. 오해를 할까 봐 미리 말하자면 가부장제에서 비롯된 남녀문제가 존재한다는 데는 동의합니다. 하지만 비슷한 배경, 비슷한 문제를 가지고 있어도 원만하게 해결하고 안정적인 결혼생활을 하는 사람도 많습니다. 그렇지 못한 사람들 중 일부는 인간에 대한 이해가 부족하고 좋은 대인관계를 경험하지 못한 채로 타인이 만들어놓은 남녀 프레임에 사로잡힌 채 문제를 똑바로 직시하지 못합니다. 한마디로 개인 대 개인의 문제로 바라보아야 할 문제를 남녀문제로 잘못 바라보는 것이죠.

성염색체와 호르몬에 의한 신체의 차이에 따라 크게 남자와 여자 두 집단으로 구분되지만 각 개인은 다양한 특성을 갖습니다. 예를 들어 키는 대체로 남자가 여자보다 크지만 키가 남자 평균보다 큰 여자도 있고 반대의 경우도 있습니다. 수학, 과학에 남자가 더 적합하다는 성차별적 발언을 하는 유명 과학자도 있었지만 설사 평균적으로 그렇다 하더라도 개인의 차가 더 클 것입니다. 교육환경을 고려하면 해당 과목의 점수 차이는 성별 차이에 의한 것인지 계산조차 힘들 것입니다. 또한 대체로 여자들이 타인에게 공감하고 따뜻하게 대하는 데 어려움이 없다고 하지만, 분명 남자들 중에도 그런 사람이 많습니다.

하지만 우리는 이러한 개인의 특성을 무시한 채 남자, 여자라는 집단으로만 보는 경향이 있습니다. 옛말에 남자는 태어나서 세 번만 눈물을 보인다는 말이 있죠. 오늘날의 많은 부모가 이 말을 장난감 사달라고 떼쓰는 남자아이를 겁주기 위해 쓰곤

합니다. 또는 남자답지 못한 행동을 하면 고추가 떨어진다고 협박도 하죠. 그런데 이 남자아이가 이렇게 자신의 감정을 억압하면서 자란다면 성공적이고 행복한 삶을 살 수 있을까요? 반대로 놀이터에서 다른 남자아이들과 전쟁놀이를 하는 여자아이들한테 "여자는 그러면 못 써"라고 반복해서 제지한다면 어떻게 될까요? "치마를 입고 그렇게 뛰면 안 돼" "어디서 여자가"라는 말을 듣고 자란 여자아이들은 얼마나 타인의 시선을 의식하게 될까요?

실제로 타인의 시선을 의식하며 우울, 불안을 호소하는 환자는 여자가 더 많고, 알코올이나 도박 중독, 폭력적인 반사회성은 남자에게서 더 많이 나타납니다. 이것이 성호르몬의 차이인지 환경과 교육에서 비롯한 차이인지 정확히 알기는 어렵습니다. 집단 전체로 보면 진료현장에서 만나는 무기력한 우울장애 환자들 중에서는 여자들보다 남자들이 대체로 슬픔을 잘 표현하지 못합니다. 내가 현재 느끼는 불편한 감정이 슬픔인지도 모르는 사람이 많다는 겁니다. 남자는 울면 안 되지만 술 담배로 푸는 것은 괜찮다는 사회 분위기가 이런 결과와 무관하지는 않을 것입니다. 알코올의존증이나 니코틴 중독 환자의 경우 여자가 남자보다 남의 시선을 의식하느라 치료에 불편을 겪습니다. 오늘날에도 남아 있는 '담배 피우는 여자' '술 마시는 여자'에 대한 잘못된 프레임을 의식해서인 것 같습니다.

사실 가부장적 문화의 유래를 살펴보면 '남자다움'이라는 말은 어려움을 인내하고 위험 앞에서도 용감하게 행동하는 것으로, 인간으로서 좋은 가치를 뜻합니다. '여자다움'은 부드럽게 공감하고 자식을 잘 돌본다는 뜻이었습니다. 따라서 훌륭한 리더는 여자다움과 남자다움의 덕목을 모두 갖춘 사람일 것입니다. 전장에서 용맹한 장군이 어린 병사를 잃었을 때 전혀 슬퍼하지 않는다면 군대의 사기를 높일 수 있을까요? 좋은 아버지, 좋은 남편, 좋은 남자친구가 되는 것도 비슷할 것입니다. 부드럽게 공감하면서도 냉철한 해결책이 있는 사람이어야 믿고 따를 수 있는 리더가 될 수 있습니다.

남녀 프레임이 만든 상처들

이렇게 집단이 아니라 자기에게 초점을 맞추는 경험에 익숙하지 않은 사람이 결혼 또는 연애관계를 맞닥뜨리면 매우 큰 갈등에 빠지는 경우가 많습니다. 결혼은 수많은 대인관계 중에서도 가장 난이도가 높은 관계입니다. 보통 대인관계에서 어려움을 겪어보지 않은 사람들도 결혼을 준비하는 과정이나 결혼생활 중에 갈등을 많이 겪습니다. 하물며 집단 프레임 속에 계속해서 자신을 숨기고 살았던 사람이 이 난이도 높은 관계를 아무런 갈등 없이 꾸려나갈 수 있을까요? 갈등을 풀어나가는 대화를 하기 위해서는 "모두가 그래"라는 집단 프레임이 아니라 "내가 ○○해" 하며 자신이 무엇을 원하는지, 자신이 어떤 감정을 느끼는지 구체적으로 표현할 수 있어야 할 텐데 말이에요.

반대로 상대방에게도 집단 프레임을 씌우고 남자다움 또는 여자다움을 기대하고 요구한다면, 그것은 상대방에게 있지도 않은 모습을 원하는 것이고 결국은 갈등이 생길 수밖에 없습니다. 여자답게 직장 그만두고 아이나 낳고 잘 키우라는 이 시대 착오적인 말은 직장에서 큰 프로젝트를 맡아 성과를 냄으로써 성취감을 느끼고 승진 의욕이 있는 아내에게 폭력일 수 있습니다. 반대로 결혼할 때는 남자가 좋은 신혼집을 구해와야 한다거나 남자가 계속 돈을 벌어야 한다는 말들 역시 재정적으로 안정적이지 못한 사회 초년생 남자나 멋진 은퇴 계획을 꿈꾸는 남편에게는 압박감으로 느껴질 수 있습니다.

남녀관계는 개인과 개인 간의 만남입니다. 사랑하는 사람이 살아온 맥락에, 다시 말해 사랑하는 사람 그 자체에 초점을 맞춰서 서로를 바라봐줘야 하는 관계입니다. 남녀 프레임을 걸어내고 상대방을 바라봐주세요. 그때는 배우자가 가정을 지키기 위해 어떤 노력을 했는지가 눈에 보여 저절로 고마운 마음이 생길 것입니다. 또한 배우자의 관심사, 목표 등에 더욱 귀 기울이게 되면서 더욱 화목한 가정을 꾸려나가기 위해 같이 노력하게 될 것입니다. 상대방을 있는 그대로 인정할 때 좋은 남편, 좋은 남자친구, 좋은 아버지, 좋은 아내, 좋은 여자친구, 좋은 어머니가 될 수 있습니다.

남녀 프레임뿐만 아니라 수많은 집단 프레임이 개인의 특성을 희미하게 만들고 있습니다. 노인 전체를 바라보는 시선, 성소수자 전체를 바라보는 시선, 워킹맘 전체를 바라보는 시선 등은 그들을 혐오하거나 비난하지 않더라도 집단화하고 일반한다는 점에서 폭력적입니다. 나도 나로서 보여지고 싶은 만큼, 누군가를 바라볼 때 집단 프레임은 걷어내길 바랍니다.

정신건강의학과
전문의가 권하는
유연함의 기술

언뜻 남녀갈등으로 보이는 문제여도
개인의 일로 초점을 이동해보세요.
집단에 가려진 개인의 아픔과 맥락이 보이는 순간,
생각보다 쉽게 문제의 해결책을 찾을 수 있습니다.

삶을 살아가는 마음의 기본

기존에는 우울, 불안, 분노와 같은 특정 감정이나 어린 시절 트라우마, 대인관계, 대화법 등 한두 가지 영역에 집중한 책이 많았습니다. 반면에 《마음은 단단하게 인생은 유연하게》는 정신건강 전체를 아우르려고 노력했습니다. 어느 특정 영역에 문제가 생긴다 해도 그 해결방법이 다양하다는 이야기를 하고 싶었거든요.

자본주의 사회를 살아가기 위해 기본적인 경제 지식이 필요하듯, 부모의 테두리를 벗어나 독립된 성인으로 복잡한 현대사회를 살아가기 위해서는 정신건강 지식을 쌓고 이를 유연하게 활용할 수 있어야 합니다.

저는 어릴 때 얌전하다 못해 소심한 아이였습니다. 타고 난 기질 탓인지 환경 탓인지는 모르겠습니다. 의욕은 앞서지 만 IMF 같은 변화에 유연하게 대처하지 못하고 사회를 원망하신 아버지, 그런 상황이 불안해 속앓이를 하신 어머니, 그런 두 분 밑에서 누나는 자주 배를 아파했다고 합니다. 정밀검사를 해도 아무 문제가 없어 신경성이라고 들었다는데, 아마 소아정신과를 찾았다면 불안에 의한 신체증상이라는 진단을 받았을 것입니다. 저 역시 겉으로 보이는 얌전하고 성실한 모습 아래에는 불안이 자리했던 것 같습니다. 1980~90년대는 심리발달에 관심을 두기 어려웠으니 어느 집에나 일시적으로 이런 불안증상을 보이는 아이들이 있었을 것입니다.

얌전한 태도 덕분에 저는 놀이터보다 교실에서 더 자신감이 있었습니다. 교사에게 혼날 일이 없었기 때문입니다. 그래서일까요. 어려운 사회관계를 피할 수 있는 실험실의 과학자가 제어린 시절 꿈이었습니다. 그리고 과학고에서 무엇을 배우는지도 모르던 소년이 열성적인 선생님들의 도움으로 합격을 했습니다. 꾸준히 노력하면 성과를 낼 수 있다는 것을 배운 덕분이었습니다. 저는 과학고와 카이스트에서 어려움이 닥칠 때에도 이런 마음으로 해결해가며 자신감을 키워갔습니다.

하지만 대학교 졸업을 앞두고 커다란 현실의 벽을 느꼈습니다. IMF로 집안 형편이 나락으로 떨어진 데다 유학도 원하는 대로 풀리지 않았거든요. 만 스물한 살이라는 어린 나이에 이제껏 힘들게 쌓아놓은 것이 방패막이 되지 않는다는 사실을 깨달았습니다. 군대 대신 들어간 회사에서조차 돌파구가 보이지 않았습니다. 월급이 밀리고 열심히 일한다고 성장하는 느낌도 들지 않았지요. 당시에 유행하던 IT벤처로 직장을 옮겼지만 회사의 대표는 스포트라이트를 받다가 도망자 신세가 되었습니다. 그러던 와중에 당시 사귀던 여자친구마저 부모가 반대한다고 울먹이며 이별을 통보했습니다. 인생 전체가 부정당하는 느낌인데 상대의 입장도 이해가 되니 비참하기가 이를 데 없더군요.

좌절한 경험을 통해
마음이 단단해질 수 있었다

그 뒤로 사람을 직접 돕고 싶어 과학자 대신 의사가 되었을 때 동물행동, 유전자 등에 관한 과학지식보다 과거의 일들이 도움이 됐습니다. 의사의 길이 빡빡하고 힘들다는 의대생의 푸념도, 의사처럼 정해진 미래가 없어 불안하다는 공대생도, 미래가 불안한 회사원이나 조직문화에 머리가 아픈 사람들도 쉽게 이해할 수 있었습니다. 부정적인 감정을 어떻게 견뎌야 하는지, 즐거움의 보상을 어떻게 활용해야 하는지, 속 깊은 마음은 어떻게 나누는지 좋은 사람들의 도움을 받으며 직접 경험한 덕분이었습니다. 의사가 아닌 한 개인으로서 마음이 단단해진 결과이기도 합니다. 화장실이 없는 반지하에서 살 때도, 회사원과 과외교사를 병행할 때도, 대학교에 다시 들어가 전문의 수련을 받을 때도 저는 인생의 우선순위를 생각하며 다가오는 시련과 인생의 불확실함에 유연하게 버틸 수 있었습니다.

흔히 인생을 여행에 비유합니다. 그 이유는 아마도 여행을 떠나면 예상하지 못한 일을 만나기 때문인 것 같습니다. 아무리 계획을 치밀하게 짜고 경비를 넉넉하게 준비해도 날씨, 질병, 사고 같은 변수를 만나면 속수무책일 수밖에 없는 것이 여행입니다. 결국 여행을 잘하는 데 완벽한 정답은 없는 것입니다. 그저 여행 중 변수를 마주칠 때마다 그 자체로 바라보는 유연함이 필요합니다. 여행 과정을 있는 그대로 즐기다 보면 힘들 때도 있겠지만 전체적으로 만족스러운 여행이 될 것입니다. 그렇게 여러분의 마음도 단단해지기를, 그래서 여행의 재미를 누리듯 인생의 재미를 유연하게 느낄 수 있기를 바랍니다.

이 책은 좋은 사람들이 있기에 가능했습니다. 끊임없이 새로운 것을 요구하는 저로 인해 바빠지는 헬스케어센터 선생님들과 의학과 공학을 접목하는 새로운 시도를 함께하는 학생들, 멀리서 저를 응원해주시는 부모님과 장인, 장모님 덕분입니다. 책에 등장하는 저희 가족에게도 고마움을 전합니다. 누나를 행복하게 해준 매형과 조카들이 건강하길 바랍니다. 내년에는 아내의 긴 프로젝트도 성공적으로 끝나길, 저도 좀 더 시간을 내어 아이와 함께 의미 있는 시간을 보내길 기원합니다.

마음은 단단하게 인생은 유연하게

초판 발행 · 2022년 8월 24일
초판 4쇄 발행 · 2022년 10월 31일

지은이 · 정두영
발행인 · 이종원
발행처 · (주)도서출판 길벗
브랜드 · 더퀘스트
출판사 등록일 · 1990년 12월 24일
주소 · 서울시 마포구 월드컵로 10길 56(서교동)
대표전화 · 02)332-0931 | **팩스** · 02)323-0586
홈페이지 · www.gilbut.co.kr | **이메일** · gilbut@gilbut.co.kr
대량구매 및 납품 문의 · 02) 330-9708

기획 및 책임편집 · 안아람(an_an3165@gilbut.co.kr) | **제작** · 이준호, 손일순, 이진혁
마케팅 · 한준희, 김선영 | **영업관리** · 김명자, 심선숙 | **독자지원** · 윤정아, 최희창

디자인 · 유어텍스트 | **교정교열 및 전산편집** · P.E.N. | **CTP 출력 인쇄 제본** · 금강인쇄

ISBN 979-11-407-0075-2 03180
(길벗 도서번호 040162)

정가 17,200원

독자의 1초까지 아껴주는 정성 길벗출판사

(주)도서출판 길벗 | IT실용, IT/일반 수험서, 경제경영, 인문교양 · 비즈니스(더퀘스트), 취미실용, 자녀교육 **www.gilbut.co.kr**
길벗이지톡 | 어학단행본, 어학수험서 **www.gilbut.co.kr**
길벗스쿨 | 국어학습, 수학학습, 어린이교양, 주니어 어학학습, 교과서 **www.gilbutschool.co.kr**

페이스북 **www.facebook.com/thequestzigy**
네이버 포스트 **post.naver.com/thequestbook**